高顿财经
GOLDEN FINANCE

全国税务师职业资格考试辅导

税法（II）

高顿财经研究院 编著

中国经济出版社

图书在版编目（CIP）数据

税法 . Ⅱ / 高顿财经研究院编著 . —北京 : 中国税务出版社 , 2018.7
全国税务师职业资格考试辅导 . 做题有套路
ISBN 978-7-5678-0722-8

Ⅰ. ①税…　Ⅱ.①高…　Ⅲ.①税法 – 中国 – 资格考试 – 题解　Ⅳ.① D922.22–44

中国版本图书馆 CIP 数据核字（2018）第 151647 号

丛 书 名：全国税务师职业资格考试辅导 . 做题有套路
书　 名：税法（Ⅱ）
作　 者：高顿财经研究院　编著
责任编辑：王忠丽
责任校对：于　玲
技术设计：刘冬珂
出版发行：中国税务出版社
　　　　　北京市丰台区广安路 9 号国投财富广场 1 号楼 11 层
　　　　　邮政编码：100055
　　　　　http://www.taxation.cn
　　　　　E-mail：swcb@taxation.cn
　　　　　发行中心电话：(010) 83362083/86/89
　　　　　传真：(010) 83362046/47/48/49
经　　 销：各地新华书店
印　　 刷：常熟市文化印刷有限公司
规　　 格：787 毫米 ×1092 毫米　1/16
印　　 张：15
字　　 数：258000 字
版　　 次：2018 年 7 月第 1 版　2018 年 7 月第 1 次印刷
书　　 号：ISBN 978-7-5678-0722-8
定　　 价：49.00 元

前言

"懂了"和"拿分"之间似乎隔着十万八千里。

一堂课听下来，感觉自己应该是懂了，可面对题目时却又一脸茫然。"懂了"和"拿分"之间的深壑太难跨越，无数人在这个时候放弃了税务师考试，放弃了自己的财经梦。

题目里面似乎藏着能帮助我们真正理解考点的钥匙。

有那么一些考点知识，看书听课还是会搞不明白。可是做做题再看看解析，有时就豁然开朗了。题目里面似乎藏着能帮助我们真正理解考点的钥匙，只要拿到这把钥匙，就能"开门"拿分。

"学习知识点和考点"固然重要，但"掌握考试套路"才是王道！

这把钥匙就是"考试套路"。识别出题目中的"考试套路"并GET到这个"考试套路"的解决方案，便能识"坑"避"陷"，去"伪"存"真"，拿到分数，这项修炼就是一个找对开启税考通关之门钥匙的过程。

全国税务师执业资格考试辅导"做题有套路"系列丛书由高顿财经研究院倾力打造，以切实提升税务师考生拿分能力为目标，从考试大纲和教材入手，对税务师职业资格考试主要考点进行梳理，结合历年考试真题，剖析总结考试逻辑，并给出识别和解决考试套路的方法和技巧，帮助考生应试时面对各类套路都有思路、能得分。

本套丛书适合考生在强化提高阶段使用，特点及使用方法如下：

1. 按出题思路整合知识点

以每科目教材框架为基础，结合实际税考出题思路，将易同时考查的知识点整合为一个专题，便于考生整体把握。

2. 设置套路 GET 列表

在每个专题开始之初提供该专题"套路 GET 列表"，考生可以用来检查自己套路的掌握程度，从而提高学习的方向性和目标性，在复习阶段减少重复学习。

3. 细分考点

根据历年考点分布情况和税考大纲对知识点掌握程度要求，以及新教材变更情况，梳理重要考点，区分其考试概率：★★★表示"非常重要"，考试概率较高；★★表示"很重要"，考试概率适中；★表示"重要"，考试概率相对较低。考生据此可以相对更准确地把握考点，提高复习效率。需要提醒考生的是，我们对考点的概率分析基于历史数据，仅供学习参考，并不是"猜题""押题"。

4. 总结考试套路

用历年真题解读考试套路，给出应对技巧和解题思路，总结避"坑"提示和记忆口诀，让考生理解真题是如何考核知识的，切实提升拿分能力。

在本书编写中，我们尽量做到精益求精，但由于时间和水平有限，书中难免存在错误和不足，希望广大读者批评指正！真心希望本套丛书能够真正帮助您无忧通过税务师考试！

目 录

专题一 **企业所得税**

专题五　房产税、契税

城镇土地使用税、耕地占用税　专题六

专题一

企业所得税

本专题共有 **15** 个核心考点，**41** 个考试套路，赶紧将**套路**GET到！

考点一 企业所得税征税对象及所得来源地的确定 （★★）

考试套路一　考核企业所得税征税对象　　　　　　　　　　　　*GET*（　　）

考试套路二　考核哪些项目如何确定所得来源地　　　　　　　　*GET*（　　）

考点二 收入总额确认 （★★★）

考试套路一　考核股权转让所得　　　　　　　　　　　　　　　*GET*（　　）

考试套路二　考核资本公积转增股本对长投计税基础的影响　　　*GET*（　　）

考试套路三　考核按照完工进度或者完成的工作量确认收入　　　*GET*（　　）

考试套路四　考核视同销售情形　　　　　　　　　　　　　　　*GET*（　　）

考试套路五　考核视同销售收入金额的确定　　　　　　　　　　*GET*（　　）

考试套路六　考核销售商品和提供劳务收入确认金额及时间　　　*GET*（　　）

考点三 不征税收入和免税收入 （★★★）

考试套路一　考核不征税收入和免税收入范围　　　　　　　　　*GET*（　　）

考试套路二　考核符合条件的非营利组织的免税收入范围　　　　*GET*（　　）

考点四 企业接收政府和股东划入资产的所得税处理 （★★）

考试套路　　考核政府划入资产不同方式的所得税处理　　　　　*GET*（　　）

考点五 企业所得税税前扣除原则和范围 （★★★）

考试套路一　考核企业所得税税前扣除项目的原则　　　　　　　*GET*（　　）

考试套路二　考核职工福利费、工会经费等的税前
　　　　　　扣除比例　　　　　　　　　　　　　　　　　　　*GET*（　　）

考试套路三　考核社会保险费税前扣除标准及比例　　　　　　　*GET*（　　）

考点一
企业所得税征税对象及所得来源地的确定
（重要性：★★）

　　企业所得税的征税对象是纳税人取得的生产经营所得、清算所得和其他所得，包括居民企业的征税对象和非居民企业的征税对象（见表1-1）。

表1-1　　　　　　　　　　　企业所得税征税对象及相关税率

征税对象种类	具体内容	税率
居民企业	来源于中国境内、境外的所得	基本税率：25% 其中：小型微利企业：20% 高新技术企业：15%
非居民企业	（1）在中国境内设立机构、场所的，应当就其所设机构、场所取得的来源于中国境内的所得，以及发生在中国境外但与其所设机构、场所有实际联系的所得。 （2）在中国境内未设立机构、场所的，或者虽设立机构、场所但取得的所得与其所设机构、场所没有实际联系的，其来源于中国境内的所得	低税率：20%（实际10%）

　　所得来源地的确定：

　　（1）销售货物所得，按照交易活动发生地确定。

　　（2）提供劳务所得，按照劳务发生地确定。

　　（3）转让财产所得：不动产转让所得，按照不动产所在地确定；动产转让所得，按照转让动产的企业或者机构场所所在地确定；权益性投资资产转让所得按照被投资企业所在地确定。

　　（4）股息、红利等权益性投资所得，按照分配所得的企业所在地确定。

　　（5）利息所得、租金所得、特许权使用费所得，按照负担、支付所得的企业或者机构、场所所在地确定，或者按照负担、支付所得的个人的住所地确定。

　　（6）其他所得，由国务院财政、税务主管部门确定。

考试套路一

考核企业所得税征税对象

【例题　单选·2010 年真题】某日本企业（实际管理机构不在中国境内）在中国境内设立分支机构，2009 年该机构在中国境内取得咨询收入 500 万元，在中国境内培训技术人员，取得日方支付的培训收入 200 万元，在中国香港取得与该分支机构无实际联系的所得 80 万元，2009 年度该境内机构企业所得税的应税收入总额为（　　）万元。

A. 500　　　　　　　B. 580　　　　　　　C. 700　　　　　　　D. 780

【答案】C

【关键思路与解析】在中国境内未设立机构、场所的，或者虽设立机构、场所但取得的所得与其所设机构、场所没有实际联系的，其来源于中国境内的所得，该日本企业来自境内所得额应该是 500 万元的咨询收入和境内培训收入 200 万元，合计 700 万元。

【套路－识坑避坑】在中国香港地区取得的所得不是境内，而且和境内机构无关，所以不属于境内应税收入。类似的地方还有中国澳门、台湾地区。

-------------------------------------【考试套路总结】-------------------------------------

解题套路在于判断考题中的企业是居民企业还是非居民企业，如该企业是居民企业，则对境内外全部所得纳税；若不是，则只针对境内所得纳税。如对其境内所得征税，则分辨其是否是在我国境内设立机构、场所。对于非居民企业从居民企业取得的股息、红利等权益性投资收益，如果要享受免税优惠，必须在境内设立机构、场所，且所得与设立的机构、场所有实际联系，注意这不包括连续持有居民企业公开发行并上市流通的股票时间不足 12 个月所取得的权益性投资收益（见表 1－2）。

表 1－2　　　　　　　　　　　　非居民企业纳税义务情况

是否设立机构、场所	征税对象
在我国境内设立机构、场所	取得境内所得与设立的机构、场所有联系的
	取得境外所得与设立的机构、场所有联系的
没有在我国境内设立机构、场所或取得的所得与设立的机构、场所没有联系的	就来源于我国境内的所得

考试套路二

考核哪些项目如何确定所得来源地

【例题 多选·2013 年真题】甲依据企业所得税相关规定，下列对所得来源地的确定，正确的有（ ）。

A. 销售货物所得，按照机构所在地确定

B. 提供劳务所得，按照劳务发生地确定

C. 不动产转让所得，按照不动产所在地确定

D. 动产转让所得，按照转让动产的企业或者机构、场所所在地确定

E. 股息、红利等权益性投资所得，按照分配所得的企业所在地确定

【答案】BCDE

【关键思路与解析】涉及不动产和股权相关的按不动产和股权企业的所在地确定，其他的按交易活动发生地确定。销售货物所得，按照交易活动发生地确定，故 A 错。

【套路 – 识坑避坑】辨析各种交易形式的所得来源地是解决问题的关键。

-------------【考试套路总结】-------------

该考试套路核心在于辨析各种交易所得的来源地，要点在于明晰涉及不动产和股权相关的按不动产和股权企业的所在地确定，其他的按交易活动发生地确定。按以上方法，就可以正确辨析哪些交易属于境内的，哪些交易不属于境内的。

考点二
收入总额确认
（重要性：★★★）

一、一般收入的确认

一般收入主要包括：销售货物收入，劳务收入，转让财产收入，股息、红利等权益性投资收益，利息收入，租金收入，特许权使用费收入，接受捐赠收入，其他

收入 9 种收入（见表 1-3）。

表 1-3　　　　　　　　　　　　　　　一般收入的确认

项　目	具体内容
销售货物收入	包括销售商品、产品、原材料、包装物、低值易耗品以及其他存货的收入 确认时间：取得收入时
劳务收入	企业从事建筑安装、修理修配、交通运输、仓储租赁、金融保险、邮电通信、咨询经纪、文化体育、科学研究、技术服务、教育培训、餐饮住宿、中介代理、卫生保健、社区服务、旅游、娱乐、加工以及其他劳务服务活动取得的收入 确认时间：取得收入时
转让财产收入——股权转让所得	企业转让固定资产、生物资产、无形资产、股权、债权等财产取得的收入 确认时间：转让协议生效且完成股权变更手续时
股息、红利等权益性投资收益	企业因权益性投资从被投资方取得的收入。 确认时间：除另有规定外应按照被投资企业股东会或股东大会作出利润分配或转股决定的日期，确认收入的实现
利息收入	企业将资金提供他人使用但不构成权益性投资，或者因他人占用本企业资金取得的收入，包括存款利息、贷款利息、债券利息、欠款利息等收入 确认时间：合同约定的应付利息的日期
租金收入	企业提供固定资产、包装物或者其他有形资产的使用权取得的收入。 确认时间：合同约定的承租人应付租金的日期确认
特许权使用费收入	企业提供专利权、非专利技术、商标权、著作权以及其他特许权的使用权取得的收入。 确认时间：合同约定的特许权使用人应付特许权使用费的日期确认
接受捐赠收入	是指企业接受的来自其他企业、组织或者个人无偿给予的货币性资产、非货币性资产。 确认时间：实际收到捐赠资产的日期确认（收付实现制）
其他收入	企业资产溢余收入、逾期未退包装物押金收入、确实无法偿付的应付款项、已作坏账损失处理后又收回的应收款项、债务重组收入、补贴收入、违约金收入、汇兑收益

二、特殊收入的确认（见表1-4）

表1-4 特殊收入的范围和项目

1. 分期收款方式销售货物，按照合同约定的收款日期确认收入的实现

2. 企业受托加工制造大型机械设备等，以及从事建筑、安装劳务等，持续时间超12个月的，按照完工进度或者完成的工作量确认收入

3. 采取产品分成方式取得收入，按照企业分得产品的日期确认收入的实现，其收入额按照产品的公允价值确定

4. 企业发生非货币性资产交换以及将货物、财产、劳务用于捐赠、偿债、赞助、集资、广告、样品、职工福利或者利润分配等用途的，应当视同销售货物、转让财产或者提供劳务，但国务院财政、税务主管部门另有规定的除外。（视同销售收入，是计算广宣费、业务招待费扣除限额的基数）

三、处置资产收入的确定（见表1-5）

表1-5 处置资产收入的确定

内部处置，不视同销售（资产转移至境外除外）	不属于内部处置，视同销售
1. 将资产用于生产、制造、加工另一产品； 2. 改变资产形状、结构或性能； 3. 改变资产用途（如自建商品房转为自用或经营）； 4. 将资产在总机构及其分支机构之间转移； 5. 上述两种或两种以上情形的混合； 6. 其他不改变资产所有权属的用途	1. 用于市场推广或销售； 2. 用于交际应酬； 3. 用于职工奖励或福利； 4. 用于股息分配； 5. 用于对外捐赠； 6. 其他改变资产所有权属的用途

（1）区分是否视同销售的关键看资产所有权属在形式和实质上是否发生改变。

（2）视同销售收入确认：自制资产，按同类资产同期对外销售价格确定；外购资产，不以销售为目的，具有代替职工福利等费用支出性质，且购买后在一个纳税年度内处置的，按购入时价格确定。

四、相关收入实现的确认

销售商品和提供劳务收入的确认条件（见表1-6）。

表 1-6　　　　　　　　　销售商品和提供劳务收入的确认条件

销售商品	提供劳务（完工进度法）
1. 商品销售合同已经签订，企业已将商品所有权相关的主要风险和报酬转移给购货方； 2. 企业对已售出的商品既没有保留通常与所有权相联系的继续管理权，也没有实施有效控制； 3. 收入的金额能够可靠地计量； 4. 已发生或将发生的销售方的成本能够可靠地核算	1. 收入的金额能够可靠地计量； 2. 交易的完工进度能够可靠地确定； 3. 交易中已发生和将发生的成本能够可靠地核算

（1）企业销售收入必须遵循权责发生制和实质重于形式原则；

（2）与会计的确认原则比少一条：相关的经济利益很可能流入企业。

（3）完工进度法（完工百分比法）：

当期劳务收入＝合同或协议价款×完工进度－以前年度累计已确认劳务收入

当期劳务成本＝劳务估计总成本×完工进度－以前年度累计已确认劳务成本

（4）企业提供劳务完工进度的确认，可选用下列方法：

①已完工作的测量；

②已提供劳务占劳务总量的比例；

③发生成本占总成本的比例。

五、商品销售收入确认时间（见表 1-7）

表 1-7　　　　　　　　　　商品销售收入确认时间

销售方式	收入时间的确认
1. 托收承付方式	办妥托收手续时
2. 预收款方式	发出商品时
3. 需要安装和检验	购买方接受商品及安装和检验完毕时
4. 安装程序比较简单	发出商品时
5. 支付手续费方式委托代销	收到代销清单时

六、特殊业务销售的收入（见表 1-8）

表 1-8　　　　　　　　　　特殊业务销售收入的确认

销售方式	收入金额的确认
售后回购	符合收入确认条件：销售的商品按售价确认收入，回购的商品作为购进商品处理。 不符合销售收入确认条件：收到的款项确认为负债，回购价格大于原售价的，差额在回购期间确认利息费用

续 表

销售方式	收入金额的确认
商业折扣	扣除商业折扣后金额
现金折扣	扣除现金折扣前金额确定收入金额，现金折扣在实际发生时作为财务费用扣除
销售折让	发生当期按折让额冲减当期销售商品收入
以旧换新	销售商品按收入确认条件确认收入，回收商品作为购进商品处理
买一赠一	不属于捐赠，将总的销售金额按各商品公允价值的比例来分摊确认各项的销售收入
财产转让收入等	一次性计入确认收入的年度（除另有规定外）

七、提供劳务收入费用的具体规定（见表 1-9）

表 1-9 提供劳务收入实现的确认情况

提供劳务收入类型	收入实现时间的确认
安装费	依安装完工进度确认。安装是商品销售附带条件的确认商品销售实现时确认
宣传媒介收费	相关的广告或商业行为出现于公众面前时确认。广告的制作费根据制作完工进度确认
软件费	为特定客户开发软件的根据开发的完工进度确认
服务费	含在商品售价内可区分的服务费在提供服务期间分期确认
艺术表演、招待宴会和其他特殊活动收费	在相关活动发生时确认。收费涉及几项活动的，预收的款项应合理分配给每项活动分别确认
会员费	只有会籍，其他服务或商品另收费的取得该会员费时确认。入会员后，不再付费或低于非会员的价格销售商品或提供服务的会员费应在整个受益期内分期确认
特许权费	提供设备和其他有形资产的特许权费，在交付资产或转移资产所有权时确认；提供初始及后续服务的特许权费，在提供服务时确认
劳务费	长期为客户提供重复的劳务收取的劳务费在相关劳务活动发生时确认

考试套路一

考核股权转让所得

【例题　单选·2013 年真题】2012 年 3 月，甲企业将持有乙企业 5% 的股权以 1000 万元的价格转让，转让价格中包含乙企业未分配利润中归属于该股权的 20 万元，股权的购置成本为 800 万元。甲企业应确认的股权转让所得为（　　）万元。

A. 50　　　　　　B. 180　　　　　　C. 200　　　　　　D. 220

【答案】C

【关键思路与解析】股权转让所得 = 1000 - 800 = 200（万元）。

【套路 - 识坑避坑】根据规定，股权转让收入，不得扣除被投资企业未分配利润等股东留存收益中按该项股权所可能分配的金额。

-------------------------- 【考试套路总结】 --------------------------

本套路考核股权转让所得中关于留存收益和股利的情况。这涉及辨析两种情况：

其一留存收益中的可能分配给该股权的金额，其二已宣布未发放的股利。第一种情况，股权转让收入不扣除可能分配给该股权的金额。第二种情况，股权转让收入要扣除未发放的股利。

第一种情况是"可能"分配，所以我们不能扣除，第二种情况是已经确定分配了，所以要扣除该股利。

考试套路二

考核资本公积转增股本对长投计税基础的影响

【例题　单选·2012 年真题】2010 年年初，A 居民企业通过投资，拥有 B 上市公司 15% 股权。2011 年 3 月，B 公司增发普通股 1000 万股，每股面值 1 元，发行价格 2.5 元，股款已全部收到并存入银行。2011 年 6 月 B 公司将股本溢价形成的资本公积金全部转增股本，下列关于 A 居民企业相关投资业务的说明，正确的是（　　）。

A. A 居民企业应确认股息收入 225 万元

B. A 居民企业应确认红利收入 225 万元

C. A 居民企业应增加该项投资的计税基础 225 万元

D. A 居民企业转让股权时不得扣除转增股本增加的 225 万元

【答案】D

【关键思路与解析】根据规定，被投资企业将股权（票）溢价所形成的资本公积转为股本的，投资方并未有实际款项，因此不作为投资方企业的股息、红利收入，也不得增加该项长期投资的计税基础。

-------------------【考试套路总结】-------------------

掌握本套路在于清楚作为计税基础的是要实际发生的。税法只认可实际发生的，确定可靠的，所以不增加长期投资的计税基础。

考试套路三

考核按照完工进度或者完成的工作量确认收入

【例题1　单选·2016年真题】某船舶制造企业2015年年初承接大型船舶制造业务，2015年全年按照完成工作量确认的收入是5800万元，船东确认的工作量为5000万元，合同约定船东按照确认工作量的90%支付进度款，实际收到价款4000万元。企业该制造业务应确认所得税收入（　　）万元。

A. 4500　　　　　　B. 5000　　　　　　C. 4000　　　　　　D. 5800

【答案】D

【关键思路与解析】企业受托加工制造大型机械设备以及从事建筑、安装劳务等，持续时间超过12个月的，按照纳税年度内完工进度或者完成的工作量确认收入，所以2015年度该企业按完成的工作量应确认所得税收入5800万元。

【例题2　单选·2013年真题】2012年年末，某造船厂拟对一艘在建远洋客轮按照完工进度法确认其提供劳务的收入。下列测算方法，不符合企业所得税相关规定的是（　　）。

A. 已完工作的测量

B. 发生成本占总成本的比例

C. 已提供劳务占劳务总量的比例

D. 已建造时间占合同约定时间的比例

【答案】D

【关键思路与解析】企业提供劳务完工进度的确定，可选用下列方法：①已完工作的测量；②已提供劳务占劳务总量的比例；③发生成本占总成本的比例。

【例题3 多选·2014年真题】企业提供的下列劳务中，按照完工进度确认企业所得税应税收入的有（   ）。

A. 广告的制作

B. 提供宴会招待

C. 提供艺术表演

D. 为特定客户开发软件

E. 作为商品销售附带条件的安装

【答案】AD

【关键思路与解析】选项B、C：在相关活动发生时确认收入。选项E：安装工作是商品销售附带条件的，安装费在确认商品销售实现时确认收入。

-------------------------- 【考试套路总结】--------------------------

掌握该套路关键在于清楚，哪些情况下需要按照纳税年度内完工进度或者完成的工作量确认收入。需要明确的是项目持续时间超过12个月的规定，哪些项目是没有时长规定的，另外要注意区分完工进度和合同付款进度、完成的工作量和确认的工作量，一定要抓住其中的关键词。完工进度或者完成的工作量确认收入的具体项目（见表1-10）。

表1-10   完工进度或者完成的工作量确认收入情况

收入项目	收入确认方法
安装费	根据安装完工进度确认收入
广告制作费	根据制作广告的完工进度确认收入
软件费	根据开发的完工进度确认收入
受托加工大型设备、船舶、飞机等（持续时间超过12个月）	按纳税年度内完工进度或者完成的工作量确认收入
建筑、安装、装配工程或其他劳务（持续时间超过12个月）	按纳税年度内完工进度或者完成的工作量确认收入

考试套路四

考核视同销售情形

【例题 多选·2015年真题】企业发生的下列资产处置行为应按税法规定视同

销售计征企业所得税的有（　　）。

  A. 将资产用于对外捐赠

  B. 将资产用于交际应酬

  C. 将资产用于职工奖励

  D. 改变资产的性能

  E. 改变资产形状

【答案】ABC

【关键思路与解析】改变资产的形状、结构或性能，资产的所有权并未发生转移，属于内部处置资产，无须视同销售计征企业所得税。

-------------------- 【考试套路总结】 --------------------

我们主要把握资产所有权属是否发生改变，改变了则视同销售处理，如果只是内部处置资产则不视同销售。相关情形见表 1 – 11 及图 1 – 1。

表 1 – 11　　　　　　　　　　　　视同销售情况

视同销售 （确认收入）	企业将资产移送他人的下列情形，因资产所有权属已发生改变而不属于内部处置资产，应按规定视同销售确认收入。 1. 用于市场推广或销售； 2. 用于交际应酬； 3. 用于职工奖励或福利； 4. 用于股息分配； 5. 用于对外捐赠； 6. 其他改变资产所有权属的用途。 【注】企业发生上述情形时，属于企业自制的资产，应按企业同类资产同期对外销售价格确定销售收入；属于外购的资产，可按购入时的价格确定销售收入。

	内部处置		外部移送	
	自产自用	总分机构	赠送他人	福利、分配、投资
会计收入	×	×	×	√
企业所得税	×	×	√	√
增值税	×	√	√	√

图 1 – 1　处置资产的税法和会计处理

考试套路五

考核视同销售收入金额的确定

【例题　单选·2013 年真题】2012 年 12 月，甲饮料厂给职工发放自制果汁和当月外购的取暖器作为福利，其中果汁的成本为 20 万元，同期对外销售价格为 25 万元；取暖器的购进价格为 10 万元。根据企业所得税相关规定，该厂发放上述福利应确认的收入是（　　）万元。

A. 10　　　　　　B. 20　　　　　　C. 30　　　　　　D. 35

【答案】D

【关键思路与解析】企业发生视同销售情形时，应按企业同类资产对外销售价格确定销售收入，外购的资产具有替代职工福利等费用支出性质，符合条件的，可按购入时的价格确定销售收入。应确认的收入 = 25 + 10 = 35（万元）。

【套路–识坑避坑】这里要分辨自制和外购的不同情况。

-------------------- 【考试套路总结】 --------------------

这里的套路是辨析清楚两种情况。第一种情况是企业自制的资产（企业生产加工的或者购买后加工的，是企业对外经营销售的），视同销售的价格按照对外销售价格确定收入。第二种情况是购买来不是以销售为目的的，仅是为替代职工福利等的情况，这样可以按照购买时的价格作为视同销售的价格确定收入，注意此项需要在购买后一个纳税年度内处置。

考试套路六

考核销售商品和提供劳务收入确认金额及时间

【例题 1　多选·2009 年真题】依据企业所得税相关规定，下列表述正确的有（　　）。

A. 商业折扣一律按折扣前的金额确定商品销售收入

B. 现金折扣应当按折扣后的金额确定商品销售收入

C. 属于提供初始及后续服务的特许权费，在提供服务时确认收入

D. 属于提供设备和其他有形资产的特许权费，在交付资产或转移资产所有权时确认

E. 申请入会或加入会员，只允许取得会籍，所有其他服务或商品都要另行收费

的，在取得该会员费时确认收入

【答案】CDE

【关键思路与解析】商业折扣应当按照扣除商业折扣后的金额确定销售商品收入金额，选项 A 错误；现金折扣不应当计入销售收入金额，应计入财务费用，选项 B 错误。

【例题2 单选·2009 年真题】根据企业所得税相关规定，下列确认销售收入实现的条件，错误的是（　　）。

A. 收入的金额能够可靠地计量

B. 相关的经济利益很可能流入企业

C. 已发生或将发生的销售方的成本能够可靠地核算

D. 销售合同已签订并将商品所有权相关的主要风险和报酬转移给购货方

【答案】B

【关键思路与解析】企业销售商品同时满足下列条件的，应确认收入的实现：

（1）商品销售合同已经签订，企业已将商品所有权相关的主要风险和报酬转移给购货方；

（2）企业对已售出的商品既没有保留通常与所有权相联系的继续管理权，也没有实施有效控制；

（3）收入的金额能够可靠地计量；

（4）已发生或将发生的销售方的成本能够可靠地核算。

选项 B，相关的经济利益很可能流入企业，不属于企业销售商品确认收入实现的条件。

【例题3 多选·2013 年真题】下列关于企业所得税收入确认时间的说法中，正确的有（　　）。

A. 转让股权收入，在签订股权转让合同时确认收入

B. 采取预收款方式销售商品的，在发出商品时确认收入

C. 提供初始及后续服务的特许权费，在提供服务时确认收入

D. 采用分期收款方式销售商品的，根据实际收款日期确认收入

E. 为特定客户开发软件的收费，根据开发的完工进度确认收入

【答案】BCE

【关键思路与解析】转让股权收入，应于转让协议生效且完成股权变更手续时，

确认收入的实现；采用分期收款方式销售货物的，按照合同约定的收款日期确认收入的实现。

【例题 4　单选·2013 年真题】 2013 年，甲公司销售一批产品，开具的增值税专用发票上注明价款 40 万元、金额栏注明折扣价款 3 万元。适用增值税税率为17%，甲公司应确认的产品销售收入为（　　）万元。

A. 37　　　　　B. 40　　　　　C. 43. 29　　　　　D. 46. 8

【答案】 A

【关键思路与解析】 企业为促进商品销售而在商品价格上给予的价格扣除，属于商业折扣，应当按照扣除商业折扣后的金额确定销售商品收入金额。

【例题 5　单选·2016 年真题】 下列收入确认时间的说法，符合企业所得税相关规定的是（　　）。

A. 包含在商品售价内可区分的服务费应在提供服务的期间分期确认收入

B. 长期为客户提供重复的劳务收取的劳务费应在收到费用时确认收入

C. 为特定客户开发软件的收费应于软件投入使用时确认收入

D. 广告的制作费应在相关广告出现于公众面前时确认收入

【答案】 A

【关键思路与解析】 长期为客户提供重复的劳务收取的劳务费，在相关劳务活动发生时确认收入；为特定客户开发软件的收费，应根据开发的完工进度确认收入；广告的制作费根据制作广告的完工进度确认收入。

【套路–识坑避坑】 这里要分辨劳务费用确认时点的不同情况。

-------------------------- **【考试套路总结】** --------------------------

该考试套路不难掌握，需要特别关注买一赠一的情况，所得税的处理和增值税的处理有所不同，增值税要作视同销售。提供劳务收入实现时间的确认，可以从提供劳务收入所花时间长短来考虑，有些劳务需要花较长时间去完成，一般依完工进度确认，包括软件开发、大型设备等的安装。

考点三
不征税收入和免税收入
（重要性：★★★）

一、不征税收入

不征税收入包括：财政拨款；依法收取并纳入财政管理的行政事业性收费、政府性基金；国务院规定的其他不征税收入。

表1-12
不征税收入分类

财政拨款	各级人民政府对纳入预算管理的事业单位、社会团体等组织拨付的财政资金
依法收取并纳入财政管理的行政事业性收费、政府性基金	1. 企业按照规定缴纳的符合审批权限的政府性基金和行政事业性收费，准予在计算应纳税所得额时扣除。 2. 企业收取的各种基金、收费，应计入企业当年收入总额。对企业依照法律、法规及国务院有关规定收取并上缴财政的政府性基金和行政事业性收费，准予作为不征税收入，于上缴财政的当年在计算应纳税所得额时从收入总额中减除；未上缴财政的部分，不得从收入总额中减除
国务院规定的其他不征税收入	指具有专项用途的由国务院批准的财政性资金。 1. 财政性资金来源： 企业取得的来源于政府及其有关部门的财政补助、补贴、贷款贴息，以及其他各类财政专项资金，包括直接减免的增值税和即征即退、先征后退、先征后返的各种税收，但不包括企业按规定取得的出口退税款。 2. 符合下列条件的从县级以上各级政府财政部门及其他部门取得的财政性资金准予作为不征税收入： （1）企业能够提供规定资金专项用途的资金拨付文件； （2）财政部门或其他拨付资金的政府部门对该资金有专门的资金管理办法或具体管理要求； （3）企业对该资金以及以该资金发生的支出单独进行核算。 3. 税务处理： （1）企业取得的各类财政性资金，除属于国家投资和资金使用后要求归还本金的以外，均应计入企业当年收入总额。对企业取得的由国务院财政、税务主管部门规定专项用途并经国务院批准的财政性资金，准予作为不征税收入，在计算应纳税所得额时从收入总额中减除；

续 表

财政拨款	各级人民政府对纳入预算管理的事业单位、社会团体等组织拨付的财政资金
国务院规定的其他不征税收入	（2）企业将符合条件的财政性资金作不征税收入处理后，在5年（60个月）内未发生支出且未缴回财政部门或其他拨付资金的政府部门的部分，应计入取得该资金第六年的应税收入总额； （3）企业的不征税收入用于支出所形成的费用，不得在计算应纳税所得额时扣除；企业的不征税收入用于支出所形成的资产，其计算的折旧、摊销不得在计算应纳税所得额时扣除； （4）企业取得的不征税收入，凡未按照文件规定进行管理的，应作为企业应税收入进入应纳税所得额，依法缴纳企业所得税

二、免税收入

免税收入包括：

1. 国债利息收入（国债持有期间的利息收入，免税；国债转让的价差收入，应税）；

2. 地方政府债券利息收入；

3. 符合条件的居民企业之间的股息、红利等权益性投资收益；

4. 在中国境内设立机构、场所的非居民企业从居民企业取得与该机构、场所有实际联系的股息、红利等权益性投资收益；

5. 符合条件的非营利组织的收入（非营利组织的盈利性收入，应该纳税）。

考试套路一

考核不征税收入和免税收入范围

【例题1　单选·2016年CPA税法真题改编】依据企业所得税法规定，下列属于应税收入的有（　　）。

A. 财政拨款

B. 符合条件的居民企业之间的权益性投资收益

C. 非营利组织接收其他单位或者个人捐赠的收入

D. 居民企业从非居民企业取得的权益性投资收益

【答案】D

【关键思路与解析】选项A：财政拨款属于不征税收入；选项B：符合条件的居民企业之间的权益性投资收益属于免税收入；选项C：非营利组织接受其他单位或者个人捐赠的收入属于免税收入；选项D：居民企业从非居民企业取得的权益性投

资收益属于应税收入。

【例题2 多选·2010年真题】根据企业所得税相关规定，下列属于免税收入的有（   ）。

A. 国债利息

B. 存款利息

C. 财政补贴

D. 财政拨款

E. 居民企业直接投资于其他居民企业（非上市公司）取得的股息

【答案】AE

【关键思路与解析】国债利息收入和符合条件的居民企业之间的股息、红利等权益性投资收益属于免税收入。

【套路－识坑避坑】银行存款利息应计入应税收入额，按照规定的应税所得率计算缴纳企业所得税。

-------------------- 【考试套路总结】 --------------------

本套路考核不征税收入和免税收入范围，具体情况可以见表1-13理解，掌握记忆口诀。

表1-13　　　　　　　　　　不征税收入和免税收入情况

不征税收入	免税收入
1. 财政拨款； 2. 依法收取并纳入财政管理的行政事业性收费、政府性基金	1. 国债利息收入； 2. 符合条件的居民企业之间的股息、红利等权益性收益。指居民企业直接投资于其他居民企业取得的投资收益； 3. 在中国境内设立机构、场所的非居民企业从居民企业取得与该机构、场所有实际联系的股息、红利等权益性投资收益（不包括不满12个月的股息红利）； 4. 非营利组织从事符合条件的非营利组织的收入； 5. 对企业取得的2009年及以后年度发行的地方政府债券利息所得，免征企业所得税

【记忆口诀】国息红利股息免，红利股息需足年，非营利组织非营利，实行免税没错误。

考试套路二

考核符合条件的非营利组织的免税收入范围

【**例题　单选·2012 年真题**】符合条件的非营利组织取得下列收入，免征企业所得税的是（　　）。

　　A. 从事营利活动取得的收入

　　B. 因政府购买服务而取得的收入

　　C. 不征税收入孳生的银行存款利息收入

　　D. 按照县级民政部门规定收取的会费收入

【**答案**】C

【**关键思路与解析**】非营利组织取得的下列收入为免税收入：①接受其他单位或者个人捐赠的收入；②除税法规定的财政拨款以外的其他政府补助收入，但不包括因政府购买服务而取得的收入；③按照省级以上民政、财政部门规定收取的会费；④不征税收入和免税收入孳生的银行存款利息收入；⑤财政部、国家税务总局规定的其他收入。所以只有选项 C 符合规定。

-------------------------【 **考试套路总结** 】-------------------------

　　本套路考核符合条件的非营利组织的免税收入范围，需要具备两个必要条件：符合非营利组织的条件；符合免税收入的条件，才能判定其为非营利组织的免税收入，具体可以根据表 1−14 做记忆理解。

表 1−14　　　　　　　　　　非营利组织的免税收入具体条件

非营利组织的条件	作为免税收入的条件
1. 依法履行非营利组织登记； 2. 从事公益性或者非营利性活动； 3. 取得的收入除用于与该组织有关的、合理的支出外，全部用于登记核定或者章程规定的公益性或者非营利事业； 4. 财产及孳息不用于分配； 5. 按照登记核定或者章程规定，该组织注销后剩余财产用于公益性或者非营利性目的，或者由登记管理机关转赠给与该组织性质、宗旨相同的组织，并向社会公告；	1. 接受其他单位或个人捐赠的收入； 2. 除《企业所得税法》第七条规定的财政拨款以外的其他政府补助收入，但不包括因政府购买服务而取得的收入； 3. 按照省级以上民政、财政部门规定收取的会费；

续 表

非营利组织的条件	作为免税收入的条件
6. 投入人对投入该组织的财产不保留或者享有任何财产权利； 7. 工作人员工资福利开支控制在规定的比例内，不变相分配该组织的财产； 8. 国务院财政，税务主管部门规定的其他条件	4. 不征税收入和免税收入孳生的银行存款利息收入； 5. 财政部、国家税务总局规定的其他收入

考点四
企业接收政府和股东划入资产的所得税处理
（重要性：★★）

一、企业接收政府划入资产的企业所得税处理

1. 县级以上人民政府（包括政府有关部门，下同）将国有资产明确以股权投资方式投入企业，企业应作为国家资本金（包括资本公积）处理。该项资产如为非货币性资产，按政府确定的接收价值确定计税基础。

2. 县级以上人民政府将国有资产无偿划入企业，凡指定专门用途并按规定进行管理的，企业可作为不征税收入进行企业所得税处理。其中，该项资产属于非货币性资产的，应按政府确定的接收价值计算不征税收入。

3. 县级以上人民政府将国有资产无偿划入企业，属于上述两种以外情形的，应按政府确定的接收价值计入当期收入总额计算缴纳企业所得税。政府没有确定接收价值的，按资产的公允价值计算确定应税收入。

二、企业接收股东划入资产的企业所得税处理

1. 企业接收股东划入资产（包括股东赠与资产、上市公司在股权分置改革过程中接收原非流通股股东和新非流通股股东赠与的资产、股东放弃本企业的股权，下同），凡合同、协议约定作为资本金（包括资本公积）且在会计上已作实际处理的，

不计入企业的收入总额，企业应按公允价值确定该项资产的计税基础。

2. 企业接收股东划入资产，凡作为收入处理的，应按公允价值计入收入总额，计算缴纳企业所得税，同时按公允价值确定该项资产的计税基础。

考试套路

考核政府划入资产不同方式的所得税处理

【例题　单选·2015年真题】县级人民政府将国有非货币资产确以股权投资方式投入企业，企业应作为国家资本金处理，该非货币性资产的计税基础为（　　）。

A. 市场公允价值

B. 双方确认的价值

C. 该资产投入前的账面余额

D. 政府确定的接收价值

【答案】D

【关键思路与解析】县级以上人民政府（包括政府有关部门）将国有资产明确以股权投资方式投入企业，企业应作为国家资本金（包括资本公积）处理。该项资产如为非货币性资产，应按政府确定的接收价值确定计税基础。

-------------------------------- 【考试套路总结】 --------------------------------

本套路考核政府划入资产不同方式的所得税处理。首先须清楚政府后期是否需要回报（是股权投资还是无偿划入）；其次是对不同资产形式作不同的税务处理，具体如表1-14所示。另外，针对股东划入资产的企业所得税处理也会做考核，具体可见表1-15。

1. 企业接收政府划入资产的企业所得税处理。

表1-15　　　　　　　　企业接收政府划入资产的企业所得税处理情况

划入方式	资产形式	税务处理
股权投资	货币资金	直接计入资本金
	非货币资产	按政府确定的接收价值作为计税基础并计入资本金
无偿划入	货币资金	指定专门用途管理，直接作为不征税收入
	非货币资产	按政府确定的接收价值作为不征税收入

2. 企业接收股东划入资产的企业所得税处理（见表1-16）。

表 1 – 16 企业接收股东划入资产的企业所得税处理情况

确认方式	税务处理
作为资本金（含资本公积）	不计入企业的收入总额，应按公允价值确定该项资产的计税基础
作为收入	计入收入总额，按公允价值确定该项资产的计税基础缴纳所得税

考点五
企业所得税税前扣除原则和范围
（重要性：★★★）

一、企业所得税税前扣除原则和范围（见表 1 – 17）

表 1 – 17 企业所得税税前扣除原则和范围

记忆点	具体内容
原则（3个）	1. 权责发生制原则，指企业费用应在发生的所属期扣除； 2. 配比原则，指企业发生的费用应当与收入配比扣除； 3. 合理性原则，指符合生产经营活动常规，应当计入当期损益或者有关资产成本的必要和正常的支出
范围（5个）	企业税前扣除的范围：企业实际发生的与取得收入直接相关的、合理的支出，包括成本、费用、税金、损失和其他支出，准予在计算应纳税所得额时扣除。 1. 成本：销售商品、提供劳务、转让固定资产、无形资产（包括技术转让）的成本； 2. 费用：销售费用、管理费用、财务费用； 3. 税金：企业发生的除企业所得税和允许抵扣的增值税以外的企业缴纳的各项税金及附加，允许税前扣除； 4. 损失：企业在生产经营活动中发生的固定资产和存货的盘亏、损毁、报废损失，转让财产损失，呆账损失，坏账损失，自然灾害等不可抗力因素造成的损失以及其他损失； 5. 其他支出：除成本、费用、税金、损失外，企业在生产经营活动中发生的与生产经营活动有关的、合理的支出

二、扣除项目及其标准

工资薪金支出：企业发生的合理的工资薪金支出准予据实扣除。

1. 合理的工资薪金。

（1）工资、薪金，是指企业每一纳税年度支付给在本企业任职或者受雇的员工的所有现金或者非现金形式的劳动报酬，包括基本工资、奖金、津贴、补贴、年终加薪、加班工资，以及与任职或者受雇有关的其他支出。

（2）合理工资、薪金，是指企业按照股东大会、董事会、薪酬委员会或相关管理机构制定的工资、薪金制度规定实际发放给员工的工资、薪金。

属于国有性质的企业，其工资薪金，不得超过政府有关部门给予的限定数额；超过部分，不得计入企业工资薪金总额，也不得在计算企业应纳税所得额时扣除。

（3）企业因雇用季节工、临时工、实习生、返聘离退休人员所实际发生的费用，应区分为工资薪金支出和职工福利费支出，并按规定在企业所得税前扣除。其中属于工资薪金支出的，准予计入企业工资薪金总额的基数，作为计算其他各项相关费用的依据。

（4）企业接受外部劳务派遣用工所实际发生的费用，应分两种情况按规定在税前扣除：按照协议（合同）约定直接支付给劳务派遣公司的费用，企业应作为劳务费支出；对于直接支付给员工个人的费用，应作为工资薪金支出和职工福利费支出。属于工资薪金支出的费用，准予计入企业工资薪金总额的基数，作为计算其他各项相关费用扣除的依据。

2. 职工福利费、工会经费、职工教育经费（见表1-18）。

表1-18　　　　　职工福利费、工会经费、职工教育经费扣除标准

项目	准予扣除的限度	超过部分处理
职工福利费	不超过工资薪金总额14%	不得扣除
工会经费	不超过工资薪金总额2%	不得扣除
职工教育经费	不超过工资薪金总额2.5%	准予结转扣除

注：2018年4月25日国务院常务会议决定，自2018年1月1日起，将一般企业的职工教育经费税前扣除限额，从2.5%提高至8%。

3. 社会保险费。

（1）企业依照国务院有关主管部门或者省级人民政府规定的范围和标准为职工缴纳的"五险一金"，即基本养老保险费、基本医疗保险费、失业保险费、工伤保险

费、生育保险费等基本社会保险费和住房公积金，准予扣除。

（2）企业为在本企业任职或受雇的全体员工支付的补充养老保险费、补充医疗保险费，分别在不超过职工工资总额5%标准内的部分，准予扣除。超过部分，不得扣除。企业依照国家有关规定为特殊工种职工支付的人身安全保险费和符合国务院财政、税务主管部门规定可以扣除的商业保险费准予扣除。

（3）企业参加财产保险，按照规定缴纳的保险费，准予扣除。企业为投资者或者职工支付的商业保险费，不得扣除。

4. 利息费用。

（1）非金融企业向金融企业借款的利息支出、金融企业的各项存款利息支出和同业拆借利息支出、企业经批准发行债券的利息支出可据实扣除。

（2）非金融企业向非金融企业借款的利息支出，不超过按照金融企业同期同类贷款利率计算的数额的部分可据实扣除，超过部分不允许扣除。

（3）关联方借款利息处理，企业从其关联方接受的债权性投资与权益性投资的比例超过规定标准而发生的利息支出，不得在计算应纳税所得额时扣除。

接受关联方债权性投资与其权益性投资比例为：金融企业为5:1；其他企业为2:1。

（4）企业向自然人借款的利息处理（见表1-19）。

表1-19　　　　　　　　　　企业向自然人借款的利息处理情况

股东或关联自然人借款	处理同关联企业
内部职工或其他人员借款	借贷是真实、合法、有效的，并且不具有非法集资目的或其他违反法律、法规行为； 签订借款合同

（5）企业投资者在规定期限内未缴足其应缴资本额的，该企业对外借款所发生的利息，相当于投资者实缴资本额与在规定期限内应缴资本额的差额应计付的利息，其不属于企业合理的支出，应由企业投资者负担，不得在计算企业应纳税所得额时扣除。（资本弱化）

具体计算不得扣除的利息，应以企业一个年度内每一账面实收资本与借款余额保持不变的期间作为一个计算期，公式为：

企业每一计算期不得扣除的借款利息 = 该期间借款利息额 × 该期间未缴足

注册资本额 ÷ 该期间借款额

5. 借款费用（见表 1 – 20）。

表 1 – 20　　　　借款费用资本化或者费用化

借款用途：资本化或费用化	生产经营活动中发生的合理的不要资本化的借款费用准予扣除
	为购置、建造固定资产、无形资产和经过 12 个月以上的建造才能达到预定可销售状态的存货发生借款的。在有关资产购置、建造期间发生的合理的借款费用，应予以资本化，作为资本性支出计入有关资产的成本，有关资产交付使用后发生的借款利息，可在发生当期扣除
	企业通过发行债券、取得贷款、吸收保户储金等方式融资而发生的合理的费用支出，符合资本化条件的，应计入相关资产成本；不符合资本化条件的，应作为财务费用，准予在企业所得税前据实扣除

6. 汇兑损失。

企业在货币交易，以及纳税年度终了时将人民币以外的货币性资产、负债按照期末即期人民币汇率中间价折算为人民币时产生的汇兑损失，除已经计入有关资产成本以及与向所有者进行利润分配相关的部分外，准予扣除。

7. 业务招待费。

企业发生的与生产经营活动有关的业务招待费支出，按照发生额的 60% 扣除，但最高不得超过当年销售（营业）收入的 5‰。

对从事股权投资业务的企业（包括集团公司总部、创业投资企业等），其从被投资企业所分配的股息、红利以及股权转让收入，可以按规定的比例计算业务招待费扣除限额。

企业在筹建期间，发生的与筹办活动有关的业务招待费支出，可按实际发生额的 60% 计入企业筹办费，并按有关规定在税前扣除。

8. 广告费和业务宣传费。

（1）广告费和业务宣传费超过部分，准予在以后纳税年度结转扣除。

（2）企业在筹建期间，发生的广告费和业务宣传费，可按实际发生额计入企业筹办费，并按有关规定在税前扣除。

（3）企业申报扣除的广告费支出应与赞助支出严格区分。赞助支出不得扣除。企业申报扣除的广告费支出，必须符合下列条件：广告是通过工商部门批准的专门机构制作的；已实际支付费用，并已取得相应发票；通过一定的媒体传播。

（4）烟草企业的烟草广告费和业务宣传费支出，一律不得扣除。

（5）对化妆品制造与销售、医药制造和饮料制造（不含酒类制造）企业发生的广告费和业务宣传费支出，不超过当年销售（营业）收入30%的部分，准予扣除；超过部分，准予在以后纳税年度结转扣除。

（6）对签订广告费和业务宣传费分摊协议（简称分摊协议）的关联企业，其中一方发生的不超过当年销售（营业）收入税前扣除限额比例内的广告费和业务宣传费支出可以在本企业扣除，也可以将其中的部分或全部按照分摊协议归集至另一方扣除。另一方在计算本企业广告费和业务宣传费支出企业所得税税前扣除限额时，可将按照上述办法归集至本企业的广告费和业务宣传费不计算在内。

9. 环境保护专项资金。

企业依照法律、行政法规有关规定提取的用于环境保护、生态恢复等方面的专项资金，准予扣除。上述专项资金提取后改变用途的，不得扣除。

10. 租赁费。

企业根据生产经营活动的需要租入固定资产支付的租赁费，按照以下方法扣除：

（1）以经营租赁方式租入固定资产发生的租赁费支出，按照租赁期限均匀扣除。

（2）以融资租赁方式租入固定资产发生的租赁费支出，按照规定构成融资租入固定资产价值的部分应当提取折旧费用，分期扣除。

11. 劳动保护费。

企业发生的合理的劳动保护支出，准予扣除。企业根据其工作性质和特点，由企业统一制作并要求员工工作时统一着装所发生的工作服饰费用，可以作为企业合理的支出给予税前扣除。

12. 公益性捐赠支出。

（1）公益性捐赠是指企业通过公益性社会团体或者县级（含县级）以上人民政府及其部门，用于《公益事业捐赠法》规定的公益事业的捐赠。

（2）企业发生的公益性捐赠支出，不超过年度利润总额12%的部分，准予扣除。超过年度利润总额12%的部分，准予以后三年内在计算应纳税所得额时结转扣除。

13. 总机构分摊的费用。

非居民企业在中国境内设立的机构、场所，就其中国境外总机构发生的与该机构、场所生产经营有关的费用，能够提供总机构出具的费用汇集范围、定额、分配依据和方法等证明文件，并合理分摊的，准予扣除。

14. 资产损失。

企业当期发生的固定资产和流动资产盘亏、毁损净损失，由其提供清查盘存资料经向上管税务机关备案后，准予扣除；企业因存货盘亏、毁损、报废等原因不得从销项税金中抵扣的进项税金，应视同企业财产损失，准予与存货损失一起在所得税前按规定扣除。

15. 依照有关法律、行政法规和国家有关税法规定准予扣除的其他项目，如会员费、合理的会议费、差旅费、违约金、诉讼费用等。

16. 手续费及佣金支出。

企业发生与生产经营有关的手续费及佣金支出，不超过以下规定计算限额以内的部分，准予扣除；超过部分，不得扣除。

（1）保险企业：财产保险企业按当年全部保费收入扣除退保金等后余额的15%计算限额；人身保险企业按当年全部保费收入扣除退保金后余额的10%计算限额。

（2）电信企业：在委托销售电话入网卡、电话充值卡等发展客户、拓展业务等过程中向经纪人、代办商支付手续费及佣金的，其实际发生的相关手续费及佣金支出，不超过企业当年收入总额5%的部分，准予在企业所得税前据实扣除。

（3）其他企业：按与具有合法经营资格中介服务机构或个人（不含交易双方及其雇员、代理人和代表人等）所签订服务协议或合同确认的收入金额的5%计算限额。

17. 航空企业空勤训练费、核电厂操纵员培训费。

航空企业实际发生的飞行员养成费、飞行训练费、乘务训练费、空中保卫员训练费等空勤训练费用，可以作为航空企业运输成本在税前扣除。核力发电企业为培养核电厂操纵员发生的培养费用，可作为企业的发电成本在税前扣除。企业应将核电厂操纵员培养费与员工的职工教育经费严格区分，单独核算，员工实际发生的职工教育经费支出不得计入核电厂操纵员培养费直接扣除。

18. 投资企业撤回或减少投资。

（1）投资企业从被投资企业撤回或减少投资；

（2）被投资企业发生的经营亏损，由被投资企业按规定结转弥补；投资企业不得调整减低其投资成本，也不得将其确认为投资损失。

19. 保险公司缴纳的保险保障基金。

（1）保险公司按下列规定缴纳的保险保障基金，准予据实税前扣除（见表1 - 21）。

表 1－21　　　　　　　　　保险保障基金可税前扣除具体规定

类型		具体规定
非投资型财产保险		不得超过保费收入的 0.8%
投资型财产保险	有保证收益	不得超过业务收入的 0.08%
	无保证收益	不得超过业务收入的 0.05%
人寿保险业务	有保证收益	不得超过业务收入的 0.15%
	无保证收益	不得超过业务收入的 0.05%
短期健康保险		不得超过保费收入的 0.8%
长期健康保险		不得超过保费收入的 0.15%
非投资型意外伤害保险		不得超过保费收入的 0.8%
投资型意外伤害保险	有保证收益	不得超过业务收入的 0.08%
	无保证收益	不得超过业务收入的 0.05%

（2）保险公司有下列情形之一的，其缴纳的保险保障基金不得在税前扣除：

①财产保险公司的保险保障基金余额达到公司总资产6%的；

②人身保险公司的保险保障基金余额达到公司总资产1%的。

（3）保险公司按国务院财政部门的相关规定提取的未到期责任准备金、寿险责任准备金、长期健康险责任准备金、已发生已报案未决赔款准备金和已发生未报案未决赔款准备金，准予在税前扣除。

（4）保险公司实际发生的各种保险赔款、给付，应首先冲抵按规定提取的准备金，不足冲抵部分，准予在当年税前扣除。

20. 我国居民企业实行股权激励计划有关企业所得税的税务处理。

（1）对股权激励计划实行后立即可以行权的，上市公司可以根据实际行权时该股票的公允价格与激励对象实际行权支付价格的差额和数量，计算确定作为当年上市公司工资薪金支出在税前扣除。

（2）对股权激励计划实行后，需待一定等待期方可行权的。上市公司等待期内会计上计算确认的相关成本费用，不得在对应年度计算缴纳企业所得税时扣除。在股权激励计划可行权后方可按照（1）处理。

（3）股票实际行权时的公允价格，以实际行权日该股票的收盘价格确定。

21. 棚户区改造。

企业参与政府统一组织的工矿棚户区改造、林区改造、垦区危房改造同时符合条件的棚户区改造支出，准予在企业所得税前扣除。

22. 以前年度发生应扣未扣支出。

（1）以前年度实际发生的、按照税收规定应在企业所得税前扣除而未扣除或者少扣除的支出，专项申报及说明后，准予追补至该项目发生年度计算扣除，但追补确认期限不得超过 5 年。

（2）企业由于上述原因多缴的税款，可在追补确认年度企业所得税应纳税款中抵扣，不足抵扣的，可以向以后年度递延抵扣或申请退税。

（3）亏损企业追补确认以前年度未在企业所得税前扣除的支出，或盈利企业经过追补确认后出现亏损的，应首先调整该项支出所属年度的亏损额，然后按照弥补亏损的原则计算以后年度多缴的企业所得税款，并按（1）规定处理。

23. 税法与会计之间的税务处理。

对企业依据财务会计制度规定，并实际在财务会计处理上已确认的支出，凡没有超过税法规定税前扣除范围和标准的，可按企业实际会计处理确认的支出，在企业所得税税前扣除，计算其应纳税所得额。

考试套路一

考核企业所得税税前扣除项目的原则

【例题　多选·2015 年真题】除税法另有规定外，企业在计算企业所得税时，税前扣除一般应遵循的原则有（　　）。

A. 配比原则

B. 合理性原则

C. 谨慎性原则

D. 重要性原则

E. 权责发生制原则

【答案】ABE

【关键思路与解析】税前扣除项目的原则：权责发生制原则；配比原则；合理性原则。

-------------------- 【考试套路总结】--------------------

掌握该套路核心是掌握税前扣除项目的相关原则，即理解掌握相关原则的内涵并且能熟练运用。例如配比原则，包含两层意思，第一，范围的配比。支出与收入相比较，支出是为了收入才产生的支出，与收入无关的支出则不能扣除。第二，支

出时间的配比。有些费用即使还没有发生或支付，但范围上当计入当期产品成本，也应由本期成本负担，这里的配比是要注意成本费用与收入相对应。

除了扣除原则外，涉及扣除范围的题目主要记忆不得扣除的项目，即用倒推法解题：不得扣除的项目有九项，这九项其实很好理解，处罚性质的罚没金、超过规定的捐赠支出、不符合规定的准备金支出，受罚不符合规定当然不能扣除，应纳企业所得税税额、税后向投资者支付的股息红利，税后才计算的支出，说明税前是算不出来的，当然也不用扣；企业之间支付的管理费租金、特许权使用费、非银行企业之间支付的利息。

【记忆口诀】管理特权使用费，非银企支付利息；与收入无关的其他支出，这需要用收入支出配比原则来理解，没有对应的收入，相应的支出当然也不能扣。

考试套路二

考核职工福利费、工会经费等的税前扣除比例

【例题1 多选·2015年真题】下列各项属于《企业所得税法》规定的职工福利费支出的有（   ）。

A. 集体福利部门工作人员的住房公积金

B. 职工因公外地就医费用

C. 自办职工食堂经费补贴

D. 离退休人员工资

E. 职工疗养费用

【答案】ABCE

【关键思路与解析】离退休人员统筹外费用属于职工福利费支出，离退休人员工资与企业取得的收入无关，不得列入福利费支出在企业所得税前扣除。

【例题2 单选·2016年真题】某企业2015年支付如下费用：合同工工资105万元，实习生工资20万元，返聘离休人员工资30万元，劳务派遣公司用工费40万元。2015年企业计算企业所得税时允许扣除的职工工会经费限额是（   ）万元。

A. 3.9   B. 3.1   C. 2.5   D. 2.1

【答案】B

【关键思路与解析】企业所得税前实际发生的合理的工资薪金支出 = 105 + 20 + 30 = 155（万元），允许扣除工会经费限额 = 155 × 2% = 3.1（万元）。

·········· 【考试套路总结】 ··········

这里是要考核题目背后的职工福利费、工会经费、职工教育经费的扣除比例，有时需要考虑超过部分是否可以结转以后扣除，具体见表 1 - 22，关注表 1 - 22 中的注意事项。

表 1 - 22　　　　　　　　　　　具体调整事项

调整事项	常见调整	注意事项
职工福利费	工资薪金的 14% 可以税前扣除，超过部分不得扣除	（调增）对于工资薪金里含有福利部门的工资，须在福利费里加上
工会经费	工资薪金的 2% 可以税前扣除，超过部分不得扣除	（调增）
职工教育经费	工资薪金的 8% 可以税前扣除，超过部分以后结转	（调增）超过部分，未来不足 8% 可以调减（2018 年 1 月 1 日之前为 2.5%）

考试套路三

考核社会保险费税前扣除标准及比例

【例题　单选·2012 年真题】2011 年，某软件生产企业发放的合理工资总额 200 万元；实际发生职工福利费用 35 万元、工会经费 3.5 万元、职工教育经费 8 万元（其中职工培训经费 4 万元）；另为职工支付补充养老保险 12 万元、补充医疗保险 8 万元。2011 年，企业申报所得税时就上述费用应调增应税所得额（　　）万元。

A. 7　　　　　　B. 9　　　　　　C. 12　　　　　　D. 22

【答案】B

【关键思路与解析】补充养老保险：实际发生 12 万元，扣除限额 = 200 × 5% = 10（万元），调增所得额 2 万元；补充医疗保险：实际发生 8 万元，扣除限额 = 200 × 5% = 10（万元），不需要调整；职工福利费：实际发生 35 万元，扣除限额 = 200 × 14% = 28（万元），需要调增所得额 7 万元；职工教育经费：软件企业支付给职工的培训费可以全额扣除，所以支付的 4 万元培训费可以全额扣除，实际发生 4 万元，职工教育经费扣除限额 = 200 × 2.5% = 5（万元），可以全额扣除；工会经费：实际发生 3.5 万元，扣除限额 = 200 × 2% = 4（万元），可以全额扣除。应调增所得额为

2 + 7 = 9（万元）。

-------------------- 【考试套路总结】 --------------------

本套路考核社会保险费税前扣除标准及比例，针对这类题目，我们还要关注公司可能遇到的其他保险情况，各种保险的扣除情况可以通过表 1 - 23 来对比理解记忆。

表 1 - 23　　　　　　　　　各种保险的扣除情况

人险	社会保险	依据规定范围和标准为职工缴纳的"五险一金"准予扣除
		支付的补充养老保险费、补充医疗保险费，分别在不超过职工工资总额 5% 标准内的，准予扣除。超过部分，不得扣除
	商业保险	为特殊工种职工支付的人身安全保险费和符合规定商业保险费准予扣除
		为投资者或者职工支付的商业保险费，不得扣除
财险		按照规定缴纳的保险费，准予扣除

考试套路四

考核利息费用范围及金额

【例题 1　单选·2015 年真题】下列各项支出，可在企业所得税前扣除的是（　　）。

A. 企业之间支付的管理费用

B. 非银行企业内营业机构之间支付的利息

C. 企业依据法律规定提取的环境保护专项资金

D. 烟草企业的烟草广告费和业务宣传费

【答案】C

【关键思路与解析】企业之间支付的管理费用不得税前扣除；非银行企业内营业机构之间支付的利息，不得税前扣除；企业依据法律规定提取的环境保护专项资金可以在税前扣除；烟草企业的烟草广告费和烟草宣传费，不得税前扣除。

【套路－识坑避坑】非银行企业内营业机构之间支付的利息，不得税前扣除；银行企业内营业机构之间支付的利息，可以税前扣除。

【例题2　单选·2016年真题】 某电子公司（企业所得税税率15%）2014年1月1日向母公司（企业所得税税率25%）借入2年期贷款5000万元用于购置原材料，约定年利率为10%，银行同期同类贷款利率为7%。2015年电子公司企业所得税前可扣除的该笔借款的利息费用为（　　）万元。

A. 1000　　　　　B. 500　　　　　C. 350　　　　　D. 0

【答案】 C

【关键思路与解析】 该笔借款税前可以扣除的金额为不超过金融机构同期同类贷款利率计算的数额，企业所得税前可扣除的该笔借款的利息费用 = 5000×7% = 350（万元）。

【例题3　单选·2013年真题】 2011年1月1日，某有限责任公司向银行借款2800万元，期限1年；同时公司接受张某投资，约定张某于4月1日和7月1日各投入400万元；张某仅于10月1日投入600万元。同时银行贷款年利率为7%。该公司2011年企业所得税前可以扣除的利息费用为（　　）万元。

A. 171.5　　　　　B. 178.5　　　　　C. 175　　　　　D. 196

【答案】 A

【关键思路与解析】 投资者在规定期限内未缴足其应缴资本额的，企业对外借款所发生的利息，相当于实缴资本额与在规定期限内应缴资本额的差额应计付的利息，不得在计算应纳税所得额时扣除。2011年所得税前可以扣除的利息：

$$2800×7\%×3÷12 + (2800-400)×7\%×3÷12 + (2800-800)×7\%×3÷12 + (2800-200)×7\%×3÷12 = 171.5（万元）。$$

-------------------------- 【考试套路总结】 --------------------------

本套路主要考核利息费用范围及金额，一般向金融机构的借款的利息费用是可以税前扣除的，向非金融机构的借款，主要关注关联方借款的处理，<u>关联方借款利息处理，企业从其关联方接受的债权性投资与权益性投资的比例超过规定标准而发生的利息支出，不得在计算应纳税所得额时扣除。</u>

由于利息费用是税前扣除，而利润分配是税后的，可能会因为股东以利息的方式变相分配利润，造成国家税款的流失，所以这里关联方（主要是股东）债权性投资与权益性投资的比例会设置一个规定标准。

考核业务招待费税前扣除标准

【例题　单选·2016 年真题】孙某 2015 年 11 月开始筹划设立一家个体工商户，2016 年 1 月申请领取营业执照到开业前发生业务招待费 25000 元。该业务招待费应计入开办费的金额为（　　）元。

　　A. 15000　　　　　　B. 17500　　　　　　C. 20000　　　　　　D. 25000

【答案】A

【关键思路与解析】业主自申请营业执照之日起至开始生产经营活动之日止所发生的业务招待费，按照实际发生额的 60% 计入个体工商户的开办费。该业务招待费应计入开办费的金额 =25000×60% =15000（元）。

【套路 - 识坑避坑】业务招待费等扣除采用"双限额""两者相权取其轻"，企业在筹建期间，单比例扣除。

-------------------------------- 【考试套路总结】 --------------------------------

业务招待费为每年必考项目，主要是企业生产经营需要而宴请或工作餐的开支，具体调整及注意事项见表 1 - 24，关注表 1 - 24 中的注意事项。

表 1 - 24　　　　　　　　　　　　　　　　业务招待费调整

调整事项	常见调整	注意事项
业务招待费	招待费的 60% 与营业收入的 5‰ 较低者可以税前扣除。实际发生额超过部分不得扣除	营业收入为：主营业务收入 + 其他业务收入 + 视同销售收入

考核广告费和业务宣传费扣除范围及标准

【例题　单选·2015 年真题】某白酒制造企业 2015 年取得收入 4000 万元，向广告公司支出广告费用 500 万元，广告已经制作且取得广告公司发票，2013 年、2014 年企业结转至本年扣除的广告费用分别为 55 万元和 105 万元，该企业计算2015 年企业所得税时可以扣除广告费用（　　）万元。

A. 500　　　　　　B. 605　　　　　　C. 660　　　　　　D. 600

【答案】D

【关键思路与解析】企业发生的符合条件的广告费和业务宣传费支出，除国务院财政、税务主管部门另有规定外，不超过当年销售（营业）收入15%的部分，准予扣除；超过部分，准予在以后纳税年度结转扣除。广告费扣除限额 = 4000 × 15% = 600（万元），广告费可以扣除金额为600万元。

-------------------- 【考试套路总结】 --------------------

本套路考核关于广告费和业务宣传费，重点要注意两点：第一，烟草广告不得扣除；第二，化妆品、医药和饮料制造，广告费扣除标准为30%（见表1-25）。（可想而知，化妆品、药品、饮料的毛利润很高，成本费用里面很多是广告费）

表1-25　　　　　　　　　　　广告费和业务宣传费调整事项

调整事项	常见调整	注意事项
广告费和业务宣传费	营业收入×15%可以税前扣除，超过部分以后结转	（调增）超过部分，未来不足营业收入的15%可以调减； 营业收入为：主营业务收入 + 其他业务收入 + 视同销售收入

考试套路七

考核公益性捐赠支出扣除标准及注意事项

【例题　单选·2009年真题】2008年，某居民企业主营业务收入5000万元、营业外收入80万元，与收入配比的成本4100万元，全年发生管理费用、销售费用和财务费用共计700万元，营业外支出60万元（其中符合规定的公益性捐赠支出50万元），2007年度经核定结转的亏损额30万元。2008年度该企业应缴纳企业所得税（　　）万元。

A. 47.5　　　　　　B. 53.4　　　　　　C. 53.6　　　　　　D. 54.3

【答案】B

【关键思路与解析】会计利润 = 5000 + 80 - 4100 - 700 - 60 = 220（万元）

公益性捐赠扣除限额 = 220 × 12% = 26.4（万元），税前准予扣除的捐赠支出是26.4万元。

应纳企业所得税 =（220 + 50 - 26.4 - 30）× 25% = 53.4（万元）

根据现在规定，捐赠支出超过法律规定的准予在计算企业所得税应纳税所得额时当年扣除的部分，允许结转以后三年内在计算应纳税所得额时扣除。

-------------------- 【考试套路总结】 --------------------

这里的套路比较简单，公益性捐赠记住利润总额的 12%，此项当年对外捐赠超过 12% 部分可以结转以后三年内扣除，另外，对公益性捐赠的范围也要适当了解。具体调整及注意事项见表 1 - 26。

表 1 - 26　　　　　　　　　　公益性捐赠对外调整事项

调整事项	常见调整	注意事项
对外捐赠	对外捐钱：捐赠额超过会计利润的 12% 所得税前扣除。 对外捐物： 1. 捐赠额超过会计利润的 12% 不得税前扣除； 2. 对外捐物须视同销售 收入 - 成本须计入应纳税所得额	对外捐物视同销售的收入将会影响招待费和广宣费的基数

考试套路八

考核投资企业撤回或减少投资所得税处理

【例题　单选·2016 年真题】下列关于企业从被投资单位撤回投资时取得资产的企业所得税税务处理的说法中，正确的是（　　）。

A. 相当于初始投资的部分应确认为股息所得

B. 取得的全部资产应确认为股息所得

C. 超过初始投资的部分应确认为投资资产转让所得

D. 相当于被投资企业累计未分配利润和累计盈余公积部分应确认为股息所得

【答案】D

【关键思路与解析】企业撤回或减少投资，其取得的资产中，相当于初始出资的部分，应确认为投资收回；相当于被投资企业累计未分配利润和累计盈余公积按减少实收资本比例计算的部分，应确认为股息所得；其余部分确认为投资资产转让所得。

-------------------------------- 【考试套路总结】 --------------------------------

此套路里隐含了一个知识点，即确认为股息所得为免税收入（符合条件的居民企业之间的股息所得为免税收入），股权转让收入是应税收入，所以在撤资和转让股权之间可以有税收筹划的空间。

投资企业从被投资企业撤回或减少投资，其取得的资产中，相当于初始出资的部分，应确认为投资收回；相当于被投资企业累计未分配利润和累计盈余公积按减少实收资本比例计算的部分，应确认为股息所得；其余部分确认为投资资产转让所得。

被投资企业发生的经营亏损，由被投资企业按规定结转弥补；投资企业不得调整减低其投资成本，也不得将其确认为投资损失。

考点六
亏损弥补
（重要性：★★★）

亏损弥补是指企业某一纳税年度发生的亏损可以用下一年度的所得弥补，下一年度的所得不足以弥补的，可以逐年延续弥补，但最长不得超过5年。（注：自2018年1月1日起，高新技术企业和科技型中小企业亏损结转年限延长至10年）

1. 企业在汇总计算缴纳企业所得税时，其境外营业机构的亏损不得抵减境内营业机构的盈利。

2. 企业筹办期间不计算为亏损年度，企业自开始生产经营的年度，为开始计算企业损益的年度。企业的筹办费，不得计算为当期的亏损，企业可以在开始经营之日的当年一次性扣除，也可以按长期待摊费用处理，但一经选定，不得改变。

3. 税务机关对企业以前年度纳税情况进行检查时调增的应纳税所得额，凡企业以前年度发生亏损且该亏损属于企业所得税法规定允许弥补的，应允许调增的应纳税所得额弥补该亏损。弥补该亏损后仍有余额的，按照企业所得税法规定计算缴纳企业所得税。

考试套路

考核企业所得税关于亏损弥补的规定

【例题1 多选·2010年真题】根据企业所得税相关规定，下列关于企业亏损弥补的说法，正确的有（　　）。

　　A. 境外营业机构的亏损可以用境内营业机构的盈利弥补

　　B. 一般性税务处理下被合并企业的亏损不得由分立企业弥补

　　C. 一般性税务处理下被分立企业的亏损不得由分立企业弥补

　　D. 亏损弥补的年限最长不得超过5年

　　E. 境内营业机构的亏损可以用境外营业机构的盈利弥补

【答案】CDE

【关键思路与解析】境外营业机构的亏损不得抵减境内营业机构的盈利，境内营业机构亏损可以用境外机构盈利弥补，故A错误。

【例题2 单选·2015年真题】下列关于企业筹建期间相关业务的税务处理，正确的是（　　）。

　　A. 筹建期应确认为企业的亏损年度

　　B. 筹办费应作为长期待摊费用在不低于2年内进行摊销

　　C. 筹建期发生的广告费和业务宣传费可按实际发生额计入筹办费

　　D. 筹建期发生的业务招待费可按实际发生额计入筹办费

【答案】C

【关键思路与解析】企业筹办费期间不计算为亏损年度；筹办费可以在开始经营之日的当年一次性扣除，也可以按照长期待摊费用在不低于3年内进行摊销；企业在筹建期间发生的与筹办活动有关的业务招待费支出，可按实际发生额的60%计入企业筹办费。

-------------------------------- 【考试套路总结】 --------------------------------

本套路考核企业所得税关于亏损弥补的规定，具体内容及注意事项有：

1. 亏损不是企业财务报表中的亏损额，税法调整后的金额。

2. 五年弥补期是以亏损年度的下一年度算起，连续五年内不论是盈利或亏损，都作为实际弥补年限计算。

3. 连续发生年度亏损，必须从第一个亏损年度算起，<u>先亏先补，后亏后补</u>。

4. 企业从事生产经营之前进行筹办活动期间<u>发生筹办费用支出</u>，<u>不得计算为当期的亏损</u>，企业可以在开始经营之日的<u>当年一次性扣除</u>，也可以按照新税法有关<u>长期待摊费用的处理</u>规定处理，但一经选定，不得改变。

考点七
固定资产的税务处理
（重要性：★★）

固定资产是指企业为生产产品、提供劳务、出租或经营管理而持有的、使用时间超过 12 个月的非货币资产。具体项目和计税基础见表 1 – 27。

表 1 – 27 固定资产项目和计税基础

项　目	计税基础
外购	包括买价、税费和达到预定用途发生的其他支出 （购进固定资产的增值税符合规定的可以扣除）
自行建造	竣工结算前支出
融资租入	约定付款总额：约定总额和相关费用； 未约定付款总额：资产公允价值和签订合同发生的相关费用
盘盈	同类固定资产的重置完全价值
捐赠、投资、非货币性资产交换、债务重组方式取得	资产公允价值和税费
改建的固定资产	除已足额提取的固定资产和租入的固定资产以外的其他固定资产，以改建过程中发生的改建支出增加计税基础

一、固定资产的折旧范围

在计算应纳税所得额时，企业按照规定计算的固定资产折旧，准予扣除。下列固定资产不得计算折旧扣除：

1. 房屋、建筑物以外未投入使用的固定资产。

2. 以经营租赁方式租入的固定资产。

3. 以融资租赁方式租出的固定资产。

4. 已足额提取折旧仍继续使用的固定资产。

5. 与经营活动无关的固定资产。

6. 单独估价作为固定资产入账的土地。

7. 其他不得计算折旧扣除的固定资产。

二、固定资产折旧的计提方法

1. 企业应当自固定资产投入使用月份的次月起计算折旧；停止使用的固定资产，应当自停止使用月份的次月起停止计算折旧。

2. 企业应当根据固定资产的性质和使用情况，合理确定固定资产的预计净残值。固定资产的预计净残值一经确定，不得变更。

3. 固定资产按照直线法计算的折旧，准予扣除。

4. 企业对房屋、建筑物固定资产在未足额提取折旧前进行改扩建的，如属于推倒重置，该资产原值减除提取折旧后的净值，应并入重置后的固定资产计税成本，并在该固定资产投入使用后的次月起，按照税法规定的折旧年限，一并计提折旧；如属于提升功能、增加面积的，该固定资产的改扩建支出，并入该固定资产计税基础，并从改扩建完工投入使用后的次月起，重新按税法规定的该固定资产折旧年限计提折旧，如该改扩建后的固定资产尚可使用的年限低于税法规定的最低年限，可以按尚可使用的年限计提折旧。

三、固定资产折旧的计提年限

除国务院财政、税务主管部门另有规定外，固定资产计算折旧的最低年限见表 1 – 28。

表 1 – 28　　　　　　　　　　　　固定资产折旧的计提年限

年限	固定资产项目
20 年	房屋、建筑物
10 年	飞机、火车、轮船、机器、机械和其他生产设备
5 年	与生产经营活动有关的器具、工具、家具等
4 年	飞机、火车、轮船以外的运输工具
3 年	电子设备

四、固定资产折旧的企业所得税处理

1. 企业固定资产会计折旧年限如果短于税法规定的最低折旧年限，其按会计折旧年限计提的折旧高于按税法规定的最低折旧年限计提的折旧部分，应调增当期应纳税所得额；企业固定资产会计折旧年限已期满且会计折旧已提足，但税法规定的最低折旧年限尚未到期且税收折旧尚未足额扣除，其未足额扣除的部分准予在剩余的税收折旧年限继续按规定扣除。

2. 企业固定资产会计折旧年限如果长于税法规定的最低折旧年限，其折旧应按会计折旧年限计算扣除，税法另有规定的除外。

3. 企业按会计规定提取的固定资产减值准备，不得税前扣除，其折旧仍按税法确定的固定资产计税基础计算扣除。

4. 企业按税法规定实行加速折旧的，其按加速折旧办法计算的折旧额可全额在税前扣除。

5. 石油天然气开采企业在计提油气资产折耗（折旧）时，由于会计与税法规定计算方法不同导致的折耗（折旧）差异，应按税法规定进行纳税调整。

考试套路一

考核固定资产的计税基础及折旧的范围

【例题1　多选·2016年真题】下列关于资产的企业所得税税务处理的说法，正确的有（　　）。

A. 外购的固定资产，以购买价款和支付的增值税作为计税基础

B. 企业持有至到期投资成本按照预计持有期限分期摊销扣除

C. 固定资产的大修理支出按照尚可使用年限分期摊销扣除

D. 租入资产的改建支出应作为长期待摊费用摊销扣除

E. 外购商誉的支出在企业整体转让时准予扣除

【答案】CDE

【关键思路与解析】外购的固定资产，以购买价款和支付的相关税费以及直接归属于使该资产达到预定用途发生的其他支出作为计税基础；企业对外投资期间，投资资产的成本在转让或者处置投资资产时，投资资产的成本，准予扣除。

【例题2　多选·2013年真题】在计算应纳税所得额时，准予扣除企业按照规定计算的固定资产折旧。下列固定资产，不得计算折旧扣除的有（　　）。

A. 与经营活动无关的固定资产

B. 以经营租赁方式租出的固定资产

C. 以融资租赁方式租入的固定资产

D. 已足额提取折旧仍继续使用的固定资产

E. 房屋、建筑物以外未投入使用的固定资产

【答案】ADE

【关键思路与解析】以经营租赁方式租出的固定资产还是属于本公司的，所以可以计提折旧，故 B 不选。以融资租赁方式租入的固定资产按实质重于形式的原则，相当于属于本公司的资产，所以可以计提折旧在税前扣除，故 C 不选。

【套路－识坑避坑】做题的时候，要看清楚租入租出的情况和固定资产的权属。

【例题3　多选·2010 年真题】根据企业所得税规定，下列固定资产不得计提折旧在税前扣除的有（　　）。

A. 未投入使用的机器设备

B. 以经营租赁方式租入的生产线

C. 以融资租赁方式租入的机床

D. 与经营活动无关的小汽车

E. 已足额提取折旧但仍在使用的旧设备

【答案】ABDE

【关键思路与解析】以融资租赁方式租入的机床，按实质重于形式的原则，可以计提折旧税前扣除，故 C 不选。

-------------------------------- 【考试套路总结】 --------------------------------

本套路考核固定资产的计税基础及折旧的范围，所以需要知道哪些固定资产不得计算折旧扣除的情况，特别关注一下作为固定资产入账的土地。因为土地不同于其他固定资产，不存在损耗问题，因此无须计提折旧。对于专门用于研发的仪器、设备，主要记忆 100 万元这个临界点（见表 1－29）。

表 1－29　　　　　　　　　　固定资产确认及计税基础

专门用于研发的仪器、设备	2014 年 1 月 1 日后新购进的专门用于研发的仪器、设备： 1. 不超过 100 万元的，允许一次性计入当期成本费用在计算应纳税所得额时扣除； 2. 单位价值超过 100 万元的，可缩短折旧年限或采取加速折旧的方法
一般固定资产	不超过 5000 元的固定资产，允许一次性计入当期成本费用在计算应纳税所得额时扣除

注意：最新政策将享受当年一次性税前扣除优惠的企业新购进研发仪器、设备单位价值上限，从 100 万元提高到 500 万元。执行时间：2018 年 1 月 1 日至 2020 年 12 月 31 日。

【记忆口诀】1411 后研器，不超百万一次扣，超百万缩短加速，不超五千的固资，一次扣除没毛病。

考试套路二
考核固定资产折旧的计提方法和最低年限

【例题　多选·2016 年真题】下列机械企业 2015 年 1 月 1 日后购进资产的税务处理，正确的有（　　）。

A. 小型微利企业购进用于生产经营的价值 120 万元的固定资产允许一次性税前扣除

B. 小型微利企业购进用于研发的价值 80 万元的固定资产允许一次性税前扣除

C. 固定资产缩短折旧年限的不能低于规定折旧年限的 60%

D. 购进的固定资产允许采用加速折旧方法

E. 购进的固定资产允许缩短折旧年限

【答案】BCDE

【关键思路与解析】四个领域重点行业小型微利企业 2015 年 1 月 1 日后新购进的研发和生产经营共用的仪器、设备，单位价值不超过 100 万元（含）的，允许在计算应纳税所得额时一次性全额扣除；单位价值超过 100 万元的，允许缩短折旧年限或采取加速折旧方法。

------------【考试套路总结】------------

这个套路我们主要关注固定资产折旧的最新规定，包括：四个领域重点行业，允许缩短折旧年限或采取加速折旧方法；四个领域重点行业小型微利企业的政策。

另外，我们还需要理解为什么有些固定资产可以加速折旧处理，一般的固定资产我们都是按正常的方法计提折旧，但是对于常年处于强震动、高腐蚀状态的固定资产或者由于技术进步，产品更新换代较快的固定资产，如果按一般的方法计提折旧，可能还没折旧结束，这类固定资产早就耗损坏了，或者不适用了，所以从制定规定的出发点去理解，加速折旧体现了会计中的谨慎性原则。按谨慎性原则规定，企业不应高估收入，不应低估费用和成本，固定资产加速折旧，使企业不会在开始折旧的时候低估固定资产的折旧额度。

【记忆口诀】加速折旧有门槛，强震高腐更新快。

考点八
其他资产的税务处理
（重要性：★★）

一、生物资产的税务处理

生物资产是指有生命的动物和植物。生物资产分为消耗性、公益性、生产性三类（见表1-30）。

生产性生物资产是指为生产农产品、提供劳务或者出租等目的而持有的生物资产，包括经济林、薪炭林、产畜和役畜。

表1-30　　　　　　　　　　生物资产的税务处理情况

计税基础	1. 外购：购买价款＋相关税费。 2. 捐赠、投资、非货币性资产交换、债务重组取得：资产公允价值＋相关税费
折旧方法	1. 生产性生物资产按照直线法计算的折旧，准予扣除。 2. 企业应当自生物性资产投入使用月份的次月起计算折旧；停止使用的次月起停止计算折旧。 3. 合理确定的预计净残值一经确定，不得变更
折旧年限	最低折旧年限： 1. 林木类生产性生物资产，10年； 2. 畜类生产性生物资产，3年

二、无形资产的税务处理

无形资产是指企业长期使用但没有实物形态的资产，包括专利权、商标权、著作权、土地使用权、非专利技术、商誉等。

1. 计税基础（见表 1 – 31）

表 1 – 31　　　　　　　　　　无形资产的计税基础情况

取得方式	计税基础
外购	购买价款 + 相关税费 + 直接归属于使该资产达到预定用途发生的支出
自行开发	符合资本化条件后，达到预定用途前发生的支出
其他方式	资产公允价值 + 相关税费 【说明】这里的其他方式指捐赠、投资、非货币性资产交换、债务重组等方式

2. 摊销范围

在计算应纳税所得额时，企业按照规定计算的无形资产摊销费用，准予扣除。下列无形资产不得计算摊销费用扣除：

（1）自行开发的支出已在计算应纳税所得额时扣除的无形资产。

（2）自创商誉。

（3）与经营活动无关的无形资产。

（4）其他不得计算摊销费用扣除的无形资产。

3. 无形资产的摊销方法及年限

无形资产的摊销采取直线法计算。无形资产的摊销年限不得低于 10 年。

（1）作为投资或受让的无形资产，有关法律规定或合同约定了使用年限的，可以按照规定或者约定的使用年限分期摊销。

（2）外购商誉的支出，在企业整体转让或者清算时一次性扣除。

（3）外购的软件，凡符合固定资产或无形资产确认条件的，可以按照固定资产或无形资产进行核算，其折旧或摊销年限可以适当缩短，最短可为 2 年（含）。

三、长期待摊费用的税务处理

长期待摊费用是指企业发生的应在一个年度以上或几个年度进行摊销的费用，在计算应纳税所得额时，企业发生的下列支出作为长期待摊费用，按照规定摊销的，准予扣除：

1. 已足额提取折旧的固定资产的改建支出；

2. 租入固定资产的改建支出；

3. 固定资产的大修理支出；

4. 其他应当作为长期待摊费用的支出。

四、存货的税务处理

存货是指企业持有以备出售的产品或者商品、处在生产过程中的产品、在产或者提供劳务过程中耗用的材料和物料等。

1. 存货的计税基础（见表 1 - 32）

表 1 - 32 　　　　　　　　　　存货的计税基础情况

取得方式	计税基础
现金方式取得	购买价款 + 相关税费
非现金方式取得	公允价值 + 相关税费
生产性生物资产收获的农产品	以产出或采收过程中发生的材料费 + 人工费 + 分摊的间接费用

2. 存货的成本计算方法

企业使用或销售的存货的成本计算方法，可以在先进先出法、加权平均法、个别计价法中选用一种。计价方法一经选用，不得随意变更。

企业转让以上资产，在计算应纳税所得额时，资产的净值允许扣除。

企业重组过程中，应在交易发生时确认有关资产的转让所得或损失，相关资产应当按照交易价格重新确定计税基础。

五、投资性资产的税务处理

投资性资产是指企业对外进行权益性投资和债权性投资形成的资产。

1. 投资性资产成本的确定（见表 1 - 33）。

表 1 - 33 　　　　　　　　　　投资性资产成本的确定情况

取得方式	投资成本的确定
现金方式	购买价款
非现金方式	公允价值 + 相关税费

【说明】非货币性资产：现金、银行存款、应收账款、应收票据以及准备持有至到期的债券投资等货币性资产以外的资产

2. 投资性资产成本的扣除方法

企业对外投资期间，投资性资产的成本在计算应纳税所得额时不得扣除，企业在转让或处置投资性资产时，投资性资产的成本准予扣除。

3. 非货币性资产投资涉及的企业所得税处理规定

（1）居民企业（以下简称企业）以非货币性资产对外投资确认的非货币性资产转让所得，可在不超过5年期限内，分期均匀计入相应年度的应纳税所得额，按规定计算缴纳企业所得税。

（2）企业在对外投资5年内转让上述股权或投资收回的，应停止执行递延纳税政策，并就递延期内尚未确认的非货币性资产转让所得，在转让股权或投资收回当年的企业所得税年度汇算清缴时，一次性计算缴纳企业所得税。

（3）企业在对外投资5年内注销的，应停止执行递延纳税政策，并就递延期内尚未确认的非货币性资产转让所得，在注销当年的企业所得税年度汇算清缴时，一次性计算缴纳企业所得税。

（4）企业以非货币性资产对外投资：

①收入确认：应于投资协议生效并办理股权登记手续时，确认非货币性资产转让收入。

②所得确认：非货币性资产转让所得＝评估后的公允价值－计税基础。

（5）企业以非货币性资产对外投资而取得被投资企业的股权，应以非货币性资产的原计税成本为计税基础，加上每年确认的非货币性资产转让所得，逐年调整。

（6）企业发生非货币性资产投资，符合特殊性税务处理条件的，也可选择按特殊性税务处理规定执行。

六、税法规定与会计规定差异的处理

1. 企业不能提供完整、准确的收入及成本、费用凭证，不能正确计算应纳税所得额的，由税务机关核定其应纳税所得额。

清算所得＝企业全部资产可变现价值或交易价格 －资产净值、清算费用、
　　　　　相关税费

2. 企业依法清算时，以其清算终了后的清算所得为应纳税所得额，按规定缴纳企业所得税。

3. 投资方企业从被清算企业分得的剩余资产，其中相当于从被清算企业累计未分配利润和累计盈余公积中应当分得的部分，应当确认为股息所得；剩余资产减除

上述股息所得后的余额，超过或者低于投资成本的部分，应当确认为投资性资产转让所得或者损失。

考试套路一

考核生物资产分类及折旧年限

【例题 单选·2009年真题】某农场外购奶牛支付价款20万元，依据企业所得税相关规定，税前扣除方法为（   ）。

A. 一次性在税前扣除

B. 按奶牛寿命在税前分期扣除

C. 按直线法以不低于3年折旧年限计算折旧税前扣除

D. 按直线法以不低于10年折旧年限计算折旧税前扣除

【答案】C

【关键思路与解析】奶牛属于畜类生产性生物资产，按不低于3年计提折旧。

-------------------- 【考试套路总结】 --------------------

生物资产分为消耗性、公益性、生产性三类，但是只有生产性生物资产可以计提折旧。消耗性生物资产是指为出售而持有的或在将来收获为产品的生物资产，我们可以类比理解为存货；生产性生物资产是指为产出农产品、提供劳务或出租等目的而持有的生物资产，我们可以类比理解为固定资产；公益性生物资产是指以防护、环境保护为主要目的的生物资产，相当于公益捐赠，只有生产性生物资产可以计提折旧，而生产性生物资产包括经济林、薪炭林、产畜和役畜等，经常考核的也是这几项。

【记忆口诀】生物资产要折旧：经济薪炭林，产畜和役畜，十年树木，百年树人。

考试套路二

考核不同改建支出情况的税务处理

【例题1 多选·2013年真题】计算应纳税所得额时，企业发生的下列支出应作为长期待摊费用的有（   ）。

A. 固定资产的大修理支出

B. 租入固定资产的改建支出

C. 固定资产的日常修理支出

D. 外购的生产性生物资产支出

E. 已足额提取折旧的固定资产的改建支出

【答案】ABE

【关键思路与解析】固定资产的日常修理支出，可在发生当期直接扣除，故 C 不选；外购的生产性生物资产支出，应计入生产性生物资产的成本中，通过折旧税前扣除，故 D 不选。

【例题2　单选·2012年真题】2010 年，某商贸公司以经营租赁方式租入临街门面，租期10 年。2011 年 3 月公司对门面进行了改建装修，发生改建费用 20 万元。关于装修费用的税务处理，下列说法正确的是（　　）。

A. 改建费用应作为长期待摊费用处理

B. 改建费用应从 2011 年 1 月进行摊销

C. 改建费用可以在发生当期一次性税前扣除

D. 改建费用应在 3 年的期限内摊销

【答案】A

【关键思路与解析】租入固定资产的改建支出要作为长期待摊费用来处理，应在剩余租赁期限内分期摊销。

-------------------------------- 【考试套路总结】 --------------------------------

这个套路考核不同改建支出情况的税务处理，须考虑是否符合资本化的要求，是否可以资本化，如果可以资本化应该计入什么科目，具体情况见表 1-34。

表 1-34　　　　　　　　　　改建支出的税务处理

已足额提取折旧的固定资产的改建支出		按照固定资产预计尚可使用年限分期摊销
租入固定资产的改建支出		按照合同约定的剩余租赁期限分期摊销
固定资产的大修理支出	按照固定资产尚可使用年限分期摊销	大修理支出，是指同时符合下列条件的支出： 1. 修理支出达到取得固定资产时的计税基础 50% 以上。 2. 修理后使用年限延长 2 年以上
企业的固定资产修理支出可在发生当期直接扣除		
其他应当作为长期待摊费用的支出		支出发生月份的次月起，分期摊销，摊销年限不得低于 3 年

考试套路三
考核投资资产的相关税务处理

【例题1 单选·2015年真题】 县级人民政府将国有非货币性资产明确以股权投资方式投入企业，企业应作为国家资本金处理。该非货币性资产的计税基础为（   ）。

A. 市场公允价值

B. 政府确定的接收价值

C. 该资产投入前的账面金额

D. 双方协商价值

【答案】 B

【关键思路与解析】 县级以上人民政府将国有资产明确以股权投资方式投入企业，企业应作为国家资本金（包括资本公积）处理。该项资产如为非货币性资产，应按政府确定的接收价值确定计税基础。

【例题2 单选·2016年真题】 下列关于企业从被投资单位撤回投资时取得资产的企业所得税税务处理的说法中，正确的是（   ）。

A. 相当于初始投资的部分应确认为股息所得

B. 取得的全部资产应确认为股息所得

C. 超过初始投资的部分应确认为投资资产转让所得

D. 相当于被投资企业累计未分配利润和累计盈余公积部分应确认为股息所得

【答案】 D

【关键思路与解析】 企业撤回或减少投资，其取得的资产中，相当于初始出资的部分，应确认为投资收回；相当于被投资企业累计未分配利润和累计盈余公积按减少实收资本比例计算的部分，应确认为股息所得；其余部分确认为投资性资产转让所得。

-------------------------- **【考试套路总结】** --------------------------

主要区分两种情况下转让所得的计算，一是涉及减资、撤资、清算，股权需要注销时，需要考虑该项股权对应的股息红利。因为减资、撤资、清算，股权需要注

销时，这部分股权已经没有了，所以其对应的股息红利也应该确认为股息所得，我们需要扣除这部分，剩余部分确认为投资资产转让所得；二是股权转让时并不涉及股权注销，股权还在，并不确认股息所得，所以仅需考虑股权转让时取得的收入和对应的成本。

考点九
资产损失税前扣除的所得税处理
（重要性：★★）

一、资产损失的概念

1. 准予在企业所得税税前扣除的资产损失包括：

（1）实际资产损失：企业在实际处置、转让资产过程中发生的合理损失。实际资产损失在实际发生且会计上已作损失处理的年度申报扣除。

（2）法定资产损失：企业虽未实际处置、转让资产，但符合规定条件计算确认的损失。

法定资产损失在企业向主管税务机关提供证据资料证明该项资产已符合法定资产损失确认条件，且会计上已作损失处理的年度申报扣除。

2. 企业发生的资产损失应按规定的程序和要求向主管税务机关申报后方能在税前扣除。未经申报的损失，不得在税前扣除。

3. 企业以前年度发生的资产损失未能在当年税前扣除的，可以按照规定，向税务机关说明并进行专项申报扣除。

二、资产损失扣除政策

1. 企业清查出的现金短缺减除责任人赔偿后的余额，作为现金损失在计算应纳税所得额时扣除。

2. 企业将货币性资金存入法定具有吸收存款职能的机构，因该机构依法破产、清算或者政府责令停业、关闭等原因，确实不能收回的部分，作为存款损失在计算应纳税所得额时扣除。

3. 企业除贷款类债权外的应收、预付账款符合下列条件之一的，减除可收回金额后确认的无法收回的应收、预付款项，可以作为坏账损失在计算应纳税所得额时扣除：

（1）债务人依法宣告破产、关闭、解散、被撤销，或者被依法注销、吊销营业执照，其清算财产不足清偿的；

（2）债务人死亡，或者依法被宣告失踪、死亡，其财产或者遗产不足清偿的；

（3）债务人逾期 3 年以上未清偿，且有确凿证据证明已无力清偿债务的；

（4）与债务人达成债务重组协议或法院批准破产重整计划后，无法追偿的；

（5）因自然灾害、战争等不可抗力导致无法收回的；

（6）国务院财政、税务主管部门规定的其他条件。

4. 金融企业涉农贷款和中小企业贷款损失准备金税前扣除政策。

（1）金融企业根据规定，对涉农贷款和中小企业贷款进行风险分类后，按照以下比例计提的贷款损失准备金，准予在计算应纳税所得额时扣除（见表 1 - 35）。

表 1 - 35　　　　　　　　计提贷款损失准备金的类型及扣除比例

种类	扣除比例
关注类贷款	2%
次级类贷款	25%
可疑类贷款	50%
损失类贷款	100%

（2）涉农贷款是农户贷款和农村企业及各类组织贷款。

上述所称农户贷款是指金融企业发放给农户的所有贷款；上述所称中小企业贷款是指金融企业对年销售额和资产总额均不超过 2 亿元的企业的贷款。

金融企业发生的符合条件的涉农贷款和中小企业贷款损失，应先冲减已在税前扣除的贷款损失准备金，不足冲减部分可据实在计算应纳税所得额时扣除。

5. 金融企业贷款损失准备金企业所得税税前扣除政策。

（1）准予税前提取贷款损失准备金的贷款资产范围包括：

①贷款（含抵押、质押、担保等贷款）；

②银行卡透支、贴现、信用垫款（含银行承兑汇票垫款、信用证垫款、担保垫款等）、进出口押汇、同业拆出、应收融资租赁款等各项具有贷款特征的风险资产；

③由金融企业转贷并承担对外还款责任的国外贷款，包括国际金融组织贷款、外国买方信贷、外国政府贷款、日本国际协力银行不附条件贷款和外国政府混合贷款等资产。

（2）金融企业准予当年税前扣除的贷款损失准备金计算公式：

准予当年税前扣除的贷款损失准备金 = <u>本年末准予提取贷款损失准备金的贷款资产余额 × 1%</u> – 截至上年末已在税前扣除的贷款损失准备金的余额

金融企业按上述公式计算的数额如为负数，应当相应调增当年应纳税所得额。

（3）金融企业的委托贷款、代理贷款、国债投资、应收股利、上交央行准备金以及金融企业剥离的债权和股权、应收财政贴息、央行款项等不承担风险和损失的资产，不得提取贷款损失准备金在税前扣除。

6. 企业的股权投资符合一定条件减除可收回金额后确认的无法收回的股权投资，可以作为股权投资损失在计算应纳税所得额时扣除。

7. 固定资产和存货的损失扣除规定（见表1-36）。

表1-36　　　　　　　　　　　损失扣除情况

损失类型	扣除规定
盘亏的固定资产或存货	该固定资产的账面净值或存货的成本减除责任人赔偿后的余额
毁损、报废的固定资产或存货	该固定资产的账面净值或存货的成本减除残值、保险赔款和责任人赔偿后的余额
被盗的固定资产或存货	该固定资产的账面净值或存货的成本减除保险赔款和责任人赔偿后的余额

三、资产损失税前扣除管理

1. 下列资产损失，应以清单申报的方式向税务机关申报扣除：

（1）企业在正常经营管理活动中，按照公允价格销售、转让、变卖非货币资产的损失；

（2）企业各项存货发生的正常损耗；

（3）企业固定资产达到或超过使用年限而正常报废清理的损失；

（4）企业生产性生物资产达到或超过使用年限而正常死亡发生的资产损失；

（5）企业按照市场公平交易原则，通过各种交易场所、市场等买卖债券、股票、期货、基金以及金融衍生产品等发生的损失。

上述以外的资产损失，应以专项申报的方式向税务机关申报扣除。企业无法准确判别是否属于清单申报扣除的资产损失，可以采取专项申报的形式申报扣除。

2. 在中国境内跨地区经营的汇总纳税企业发生的资产损失，应按以下规定申报扣除：

（1）总机构及其分支机构发生的资产损失，除应按专项申报和清单申报的有关规定，各自向当地主管税务机关申报外，各分支机构同时还应上报总机构；

（2）总机构对各分支机构上报的资产损失，除税务机关另有规定外，应以清单申报的形式向当地主管税务机关进行申报；

（3）总机构将跨地区分支机构所属资产捆绑（打包）转让所发生的资产损失，由总机构向当地主管税务机关进行专项申报。

3. 属于专项申报的资产损失，企业因特殊原因不能在规定的时限内报送相关资料的，可以向主管税务机关提出申请，经主管税务机关同意后，可适当延期申报。

4. 商业零售企业存货损失税前扣除规定。

（1）商业零售企业存货因零星失窃、报废、废弃、过期、破损、腐败、鼠咬、顾客退换货等正常因素形成的损失，为存货正常损失，准予按会计科目进行归类、汇总，然后再将汇总数据以清单的形式进行企业所得税纳税申报，同时出具损失情况分析报告。

（2）商业零售企业存货因风、火、雷、震等自然灾害，仓储、运输失事，重大案件等非正常因素形成的损失，为存货非正常损失，应当以专项申报形式进行企业所得税纳税申报。

（3）存货单笔（单项）损失超过 500 万元的，无论何种因素形成的，均应以专项申报方式进行企业所得税纳税申报。

5. 资产损失确认证据。

企业资产损失相关的证据包括具有法律效力的外部证据和特定事项的企业内部证据（见表 1－37）。

表 1－37　　　　　　　　　　　投资资产成本的确定

外部证据	内部证据
1. 司法机关的判决或者裁定； 2. 公安机关的立案结案证明、回复； 3. 工商部门出具的注销、吊销及停业证明； 4. 企业的破产清算公告或清偿文件； 5. 行政机关的公文； 6. 专业技术部门的鉴定报告； 7. 有法定资质中介机构的经济鉴定证明； 8. 仲裁机构的仲裁文书； 9. 保险公司对投保资产出具的出险调查单、理赔计算单等保险单据	1. 有关会计核算资料和原始凭证； 2. 资产盘点表； 3. 相关经济行为的业务合同； 4. 企业内部技术鉴定部门的鉴定文件或资料； 5. 企业内部核批文件及情况说明； 6. 对责任人由于经营管理责任造成损失的责任认定及赔偿情况说明； 7. 法定代表人、企业负责人和企业财务负责人对特定事项真实性承担法律责任的声明

考核资产损失扣除政策及管理

【例题1　单选·2013年真题】依据企业所得税相关规定，发生下列情形，导致应收账款无法收回的部分，可以作为坏账损失在所得税前扣除的是（　　）。

A. 债务人死亡，遗产继承人拒绝偿还的

B. 债务人解散，清算程序拖延达3年的

C. 与债务人达成债务重组协议，无法追偿的

D. 债务人4年未清偿，追偿成本超过应收账款的

【答案】C

【关键思路与解析】与债务人达成债务重组协议无法追偿的，可以作为坏账损失在应纳税所得额中扣除，故选C。

【例题2　单选·真题】下列情形中，不能作为坏账损失在计算应纳税所得额时扣除的是（　　）。

A. 因自然灾害导致无法收回的应收账款

B. 债务人被依法注销，其清算财产不足清偿的应收账款

C. 债务人2年未清偿，且有确凿证据证明无力偿还的应收账款

D. 法院批准破产重组计划后无法追偿的应收账款

【答案】C

【关键思路与解析】债务人逾期3年未偿清，且有确凿证据证明无力偿还的应收账款，可作为坏账损失在计算应纳税所得额时扣除，故选C。

【例题3　多选·2013年真题】下列资产损失，应以清单申报的方式向税务机关申报扣除的有（　　）。

A. 企业被盗的固定资产或存货发生的净损失

B. 企业固定资产达到或超过使用年限而正常报废清理的损失

C. 企业生产性生物资产达到或超过使用年限而正常死亡发生的资产损失

D. 企业在正常经营管理活动中，按照公允价格销售、转让、变卖非货币资产的损失

E. 企业按照市场公平交易原则，通过各种交易场所、市场等买卖债券、股票、期货、基金以及金融衍生产品等发生的损失

【答案】BCDE

【关键思路与解析】企业被盗的固定资产或存货发生的净损失，需要专项申报，故 A 不选。

【套路－识坑避坑】我们要能知道各种情况下的清单申报和专项申报。

【例题 4　单选·2013 年真题】下列各项债权，准予作为损失在企业所得税前扣除的是（　　）。

A. 行政部门干预逃废的企业债权

B. 担保人有经济偿还能力未按期偿还的企业债权

C. 企业未向债务人追偿的债权

D. 由国务院批准文件证明，经国务院专案批准核销的债权

【答案】D

【关键思路与解析】税法规定，以下股权和债权不得作为损失在税前扣除：（1）债务人或者担保人有经济偿还能力，未按期偿还的企业债权；（2）违反法律、法规的规定，以各种形式、借口逃废或悬空的企业债权；（3）行政干预逃废或悬空的企业债权；（4）企业未向债务人和担保人追偿的债权；（5）企业发生非经营活动的债权；（6）其他不应当核销的企业债权和股权。

-------------------------【考试套路总结】-------------------------

本套路考核资产损失的扣除政策。首先，我们要清楚，资产损失税前扣除必须申报，未经申报的损失，不得在税前扣除；其次，知道哪些是专项申报，哪些是清单申报，我们可以这样理解，专项申报一般是不正常的情况；最后，资产损失税前扣除有个共同点，需要确切合法的理由，并且涉及往来款项一般要在 3 年以上未清偿。

考点十
企业重组的所得税处理
（重要性：★★★）

一、企业重组的概念

1. <u>企业重组</u>是指企业在<u>日常经营活动以外</u>发生的法律结构或经济结构重大改变的交易，包括企业法律形式改变、债务重组、股权收购、资产收购、合并、分立等。

2. 企业重组的分类：一般性税务重组和特殊性税务重组。

二、企业重组的一般性处理方法

（一）法律形式变化

1. 企业由法人转变为个人独资企业、合伙企业等非法人组织，或将登记注册地转移至中华人民共和国境外（包括港、澳、台地区），<u>应视同企业进行清算、分配</u>，股东重新投资成立新企业。

【解释】企业的全部资产以及股东投资的计税基础均应以<u>公允价值</u>为基础确定。

2. 企业发生其他法律形式<u>简单改变</u>的，可直接变更税务登记，除另有规定的外，有关企业所得税纳税事项（包括亏损结转、税收优惠等权益和义务）由变更后企业承继，但因住所发生变化而不符合税收优惠条件的除外。

（二）企业债务重组

1. 以非货币资产清偿债务

应当分解为转让相关非货币性资产、按非货币性资产公允价值清偿债务<u>两项业务</u>，确认相关资产的所得或损失。

2. 债权转股权

发生债权转股权的，应当分解为债务清偿和股权投资两项业务，确认有关债务清偿所得或损失。

3. 债务重组税务处理

（1）债务人：支付债务清偿额＜债务计税基础，差额确认所得；反之，确认损失。

（2）债权人：收到债务清偿额＜债权计税基础，差额确认损失；反之，确认所得。

债务人的相关所得税纳税事项原则上保持不变。

（三）股权收购、资产收购重组交易

1. 被收购方应确认股权、资产转让所得或损失。

2. 收购方取得股权或资产的计税基础应以公允价值为基础确定。

3. 被收购企业的相关所得税事项原则上保持不变。

表1-38　　　　　　　　　　　一般重组情况

方式	被动方（卖方）	主动方（买方）
一般重组	确认所得和损失	公允价值作为计税基础

三、企业合并

1. 合并企业应按公允价值确定接受被合并企业各项资产和负债的计税基础。

2. 被合并企业及其股东都应按清算进行所得税处理。

3. 被合并企业的亏损不得在合并企业结转弥补。

四、企业分立

1. 被分立企业对分出资产应按公允价值确认资产转让所得或损失。

2. 分立企业按公允价值确认接受资产的计税基础。

3. 被分立企业继续存在时，其股东取得的对价应视同被分立企业分配进行处理。

4. 被分立企业不再继续存在时，被分立企业及其股东都应按清算进行所得税处理。

5. 企业分立各主体的亏损不得相互结转弥补。

五、企业重组的特殊性税务处理方法

（一）企业重组同时符合下列条件的，适用特殊性税务处理规定

1. 具有合理的商业目的，且不以减少、免除或者推迟缴纳税款为主要目的。

2. 被收购、合并或分立部分的资产或股权比例符合规定的比例（收购资产或股权不低于50%）。

3. 股权支付金额不低于交易支付总额的85%。

4. 企业重组后的连续12个月内不改变重组资产原来的实质性经营活动。

5. 企业重组中取得股权支付的原主要股东，在重组后连续12个月内，不得转

让所取得的股权。

（二）符合上述条件的，交易各方对其交易中的股权支付部分，可进行特殊性税务处理

1. 企业债务重组确认的应纳税所得额占该企业当年应纳税所得额50%以上，可以在5个纳税年度的期间内，均匀计入各年度的应纳税所得额。

2. 企业发生债权转股权业务，对债务清偿和股权投资两项业务暂不确认有关债务清偿所得或损失，股权投资的计税基础以原债权的计税基础确定。企业的其他相关所得税事项保持不变。

股权收购、资产收购、企业合并、企业分立的特殊重组条件见表1-39。

表1-39　　　　　　　　　重组形式及特殊重组条件

重组形式	特殊重组条件
股权收购 资产收购	收购的股权或资产不低于被收购企业全部股权或资产的50%
	股权支付金额不低于其交易支付总额的85%
企业合并	企业合并发生时取得的股权支付金额不低于其交易支付总额的85%
	同一控制下且不需要支付对价的企业合并
企业分立	被分立企业所有股东按原持股比例取得分立企业的股权，分立企业和被分立企业均不改变原来的实质经营活动
	被分立企业股东在该企业分立发生时取得的股权支付金额不低于其交易支付总额的85%

（三）股权收购、资产收购、企业合并、企业分立的特殊性税务处理（见表1-40）

表1-40　　　　　　　　　特殊重组计税基础

重组形式	特殊重组计税基础
股权收购	1. 被收购企业的股东取得收购企业股权的计税基础，以被收购股权的原有计税基础确定。 2. 收购企业取得被收购企业股权的计税基础，以被收购股权的原有计税基础确定。 3. 收购企业、被收购企业的原有各项资产和负债的计税基础和其他相关所得税事项保持不变
资产收购	1. 转让企业取得受让企业股权的计税基础，以被转让资产的原有计税基础确定。 2. 受让企业取得转让企业资产的计税基础，以被转让资产的原有计税基础确定

续 表

重组形式	特殊重组计税基础
企业合并	1. 合并企业接受被合并企业资产和负债的计税基础，以被合并企业的原有计税基础确定。 2. 被合并企业合并前的相关所得税事项由合并企业承继。 3. 可由合并企业弥补的被合并企业亏损的限额＝被合并企业净资产公允价值×截至合并业务发生当年年末国家发行的最长期限的国债利率。 4. 被合并企业股东取得合并企业股权的计税基础，以其原持有的被合并企业股权的计税基础确定
企业分立	1. 分立企业接受被分立企业资产和负债的计税基础，以被分立企业的原有计税基础确定。 2. 被分立企业已分立出去资产相应的所得税事项由分立企业承继。 3. 被分立企业未超过法定弥补期限的亏损额可按分立资产占全部资产的比例进行分配，由分立企业继续弥补。 4. 被分立企业的股东取得分立企业的股权（新股），如需部分或全部放弃原持有的被分立企业的股权（旧股），"新股"的计税基础应以放弃"旧股"的计税基础确定。 5. 如不需放弃"旧股"，则其取得"新股"的计税基础可从以下两种方法中选择确定： （1）"新股"的计税基础＝零。 （2）以被分立企业分立出去的净资产占被分立企业全部净资产的比例先调减原持有的"旧股"的计税基础，再将调减的计税基础平均分配到"新股"上

【归纳总结】

表 1－41　　　　　　　　　　　特殊重组情况

支付方式	被动方（卖方）	主动方（买方）
股权支付	不确认所得和损失	原有计税基础确定
非股权支付	确认所得和损失	公允价作为计税基础

计算公式：

非股权支付对应的资产转让所得或损失＝（被转让资产的公允价值－被转让资产的计税基础）×（非股权支付金额÷被转让资产的公允价值）

六、股权、资产划转

对100%直接控制的居民企业之间，以及受同一或相同多家居民企业100%直接控制的居民企业之间按账面净值划转股权或资产，同时符合以下条件，可以选择特殊性税务处理：

1. 具有合理商业目的，不以减少、免除或推迟缴纳税款为主要目的；

2. 股权或资产划转后<u>连续12个月</u>内不改变被划转股权或资产原来实质性经营活动，且划出方企业和划入方企业均未在会计上确认损益的。

符合以上条件，可以选择按以下规定进行特殊性税务处理：

（1）划出方企业和划入方企业均<u>不确认所得</u>。

（2）划入方企业取得被划转股权或资产的计税基础，以被划转股权或资产的<u>原账面净值</u>确定。

考试套路一

考核企业合并的一般性税务处理方法

【例题　单选·2016年真题】下列关于企业合并实施一般性税务处理的说法，正确的是（　　）。

A. 被合并企业的亏损可按比例在合并企业结转弥补

B. 合并企业应按照账面净值确认被合并企业各项资产的计税基础

C. 被合并企业股东应按清算进行所得税处理

D. 合并企业应按照协商价格确认被合并企业各项负债的计税基础

【答案】C

【关键思路与解析】选项A：被合并企业的亏损不得在合并企业结转弥补；选项B、D：合并企业应按公允价值确定接受被合并企业各项资产和负债的计税基础；选项C：被合并企业及其股东都应按清算进行所得税处理。

-------------------------------- 【考试套路总结】 --------------------------------

本套路在于区分该考点与企业重组的特殊性税务处理方法，企业合并的一般性税务处理当事各方应按下列规定处理（见图1-2）：

1. 合并企业应按公允价值确定接受被合并企业各项资产和负债的计税基础；

2. 被合并企业及其股东都应按清算进行所得税处理；

3. 被合并企业的亏损不得在合并企业结转弥补。

```
                        ┌─ 一般税务处理：公允价值
企业重组的所得税处理 ┤
                        │                    ┌─ 股权支付部分：原计税基础
                        └─ 特殊税务处理 ┤
     （满足五个条件，一个目的，两个连续，两个比例）  └─ 非股权支付部分：公允价值
```

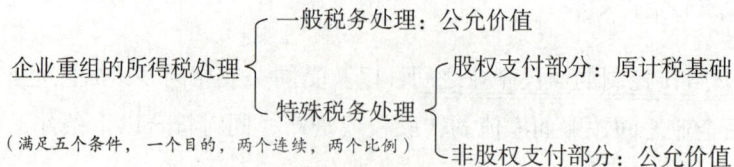

图1-2　企业重组所得税处理

考试套路二

考核企业重组的特殊性税务处理方法

【例题　多选·2012 年真题】2011 年 10 月，甲公司购买乙公司的部分资产，该部分资产计税基础为 6000 万元，公允价值为 8000 万元；乙公司全部资产的公允价值为 10000 万元。甲公司向乙公司支付一部分股权（计税基础为 4500 万元，公允价值为 7000 万元）以及 1000 万元银行存款。假定符合资产收购特殊性税务处理的其他条件，且双方选择特殊性税务处理。下列说法正确的有（　　）。

A. 甲公司取得的乙公司资产的计税基础为 6250 万元

B. 乙公司取得的甲公司股权的计税基础为 6000 万元

C. 乙公司应确认资产转让所得 250 万元

D. 乙公司暂不确认资产转让所得

E. 甲公司应确认股权转让所得 2500 万元

【答案】AC

【关键思路与解析】甲公司取得的乙公司资产的计税基础 = 6000 ×（7000 ÷ 8000）+ 1000 = 6250（万元）；转让企业取得受让企业股权的计税基础，以被转让资产的原有计税基础确定，所以乙公司取得的甲公司股权的计税基础为 6000 ×（7000 ÷ 8000）= 5250（万元）；非股权支付对应的资产转让所得 =（8000 - 6000）×（1000 ÷ 8000）= 250（万元）；甲公司不确认股权转让所得。

-------------------- 【考试套路总结】 --------------------

本套路考核企业重组的特殊性税务处理方法，我们需要清晰记忆企业重组特殊性税务处理的条件里面的数字，另外，合理的商业目的、12 个月不改变原来的实质性经营活动及重组后 12 个月内不得转让股权也是很重要的，更重要的在于我们要会计算。计算步骤如下：

第 1 步：是否适用于特殊性税务处理（股权收购比例大于 50%；股权支付比例大于 85%）；

第 2 步：全部转让所得 =（被转让资产的公允价值 - 被转让资产的计税基础）；

第 3 步：非股权支付比例 = 非股权支付金额 ÷ 被转让资产的公允价值；

第 4 步：非股权支付部分对应的所得 = 全部转让所得 × 非股权支付比例。

考点十一
房地产开发经营业务的所得税处理
（重要性：★★）

一、房地产开发经营业务的概念

企业房地产开发经营业务是指包括土地的开发，建造、销售住宅、商业用房以及其他建筑物、附着物、配套设施等开发产品的一系列经营活动。

中国境内从事房地产开发经营业务的企业，除土地开发之外，其他开发产品符合下列条件之一的，应视为已经完工：

1. 开发产品竣工证明材料已报房地产管理部门备案。

2. 开发产品已开始投入使用。

3. 开发产品已取得了初始产权证明。

二、收入的税务处理

1. 开发产品销售收入的范围。

企业代有关部门、单位和企业收取的各种基金、费用和附加等，凡纳入开发产品价内或由企业开具发票的，应按规定全部确认为销售收入；未纳入开发产品价内并由企业之外的其他收取部门、单位开具发票的，可作为代收代缴款项进行管理。

2. 收入确认的规定（见表1-42）。

表1-42　　　　　　　　　　收入确认具体处理情况

销售方式	具体处理
一次性全额收款	实际收讫价款或取得索取价款凭据（权利）之日，确认收入的实现
分期收款	按销售合同或协议约定的价款和付款日确认收入的实现； 付款方提前付款的，在实际付款日确认收入的实现
银行按揭	按销售合同或协议约定的价款确定收入额：（1）首付款应于实际收到日确认收入；（2）余款于银行按揭贷款办理转账之日确认收入

续　表

销售方式	具体处理
委托方式	支付手续费：应按销售合同或协议中约定的价款于收到受托方已销开发产品清单之日确认收入的实现
	视同买断： （1）企业与购买方签订——销售合同或协议中约定的价格和买断价格中的<u>较高者</u>； （2）企业、受托方、购买方三方共同签订——同（1）； （3）受托方与购买方签订，按买断价格
	基价（保底价）并实行超基价双方分成方式：（1）企业与购买方签订；（2）企业、受托方、购买方三方共同签订；（3）受托方与购买方直接签订 第（1）（2）方式：销售合同或协议中约定的价格和基价中的较高者，企业按规定支付受托方的分成额，不得直接从销售收入中减除；第（3）方式：基价＋分成额
报销方式	包销期内可根据包销合同的约定，参照前面三种<u>委托销售方式</u>确认收入的实现；包销期满后尚未出售的开发产品，企业应根据包销合同或协议约定的价款和付款方式确认收入的实现

3. 视同销售的确认。

企业将开发产品<u>用于</u>捐赠、赞助、职工福利、奖励、对外投资、分配给股东或投资人、抵偿债务、换取其他企事业单位和个人的非货币性资产等行为，应视同销售，于开发产品所有权或使用权转移，或于实际取得利益权利时确认收入（或利润）的实现。确认收入（或利润）的方法和顺序为：

（1）按<u>本企业近期或本年度最近月份同类</u>开发产品市场销售价格确定；

（2）由主管税务机关参照当地同类开发产品<u>市场公允价值</u>确定；

（3）按开发产品的<u>成本利润率</u>确定。

4. 企业销售未完工开发产品的计税毛利率（见表1-43）。

表1-43　　　　　企业销售未完工开发产品的计税毛利率

房屋状况（所处位置）	计税毛利率
省、自治区、直辖市和计划单列市人民政府所在地城市城区和郊区	≥15%
地及地级市城区及郊区	≥10%
其他地区	≥5%
经济适用房、限价房和危改房	≥3%

5. 企业新建的开发产品在尚未完工或办理房地产初始登记、取得产权证<u>前</u>，与承租人签订租赁预约协议的，自开发产品交付承租人使用之日起，出租方取得的<u>预租价款按租金确认收入的实现</u>。

三、成本、费用扣除的税务处理

1. 企业在进行成本、费用的核算与扣除时，必须按规定区分期间费用和开发产品计税成本、已销开发产品计税成本与未销开发产品计税成本。

2. 企业发生的期间费用、已销开发产品计税成本、营业税金及附加、土地增值税准予当期按规定扣除。

3. 已销开发产品的计税成本，按当期已实现销售的可售面积和可售面积单位工程成本确认。可售面积单位工程成本和已销开发产品的计税成本按下列公式计算确定：

已销开发产品的计税成本 ＝ 已实现销售的可售面积 × 可售面积单位工程成本

可售面积单位工程成本 ＝ 成本对象总成本 ÷ 成本对象总可售面积

4. 尚未出售的已完工开发产品和按照有关法律、法规或合同规定对已售开发产品（包括共用部位、共用设施设备）进行日常维护、保养、修理等<u>实际发生的维修费用</u>，准予在当期据实扣除。

5. 已计入销售收入的共用部位、共用设施设备维修基金按规定移交给有关部门、单位的，应于<u>移交时</u>扣除。

6. 开发区内建造的会所、物业管理场所、电站、热力站、水厂、文体场馆、幼儿园等配套设施：

（1）属于非营利性<u>且</u>产权属于全体业主的，或无偿赠与<u>地方政府、公用事业单位</u>的，可将其视为<u>公共配套设施</u>，其建造费用按公共配套设施费的有关规定进行处理。

（2）属于营利性的，或产权归企业所有的，或未明确产权归属的，或无偿赠与地方政府、公用事业单位以外其他单位的，应当<u>单独核算</u>其成本。除企业自用应按建造固定资产进行处理外，其他一律<u>按建造开发产品进行处理</u>。

7. 开发区内建造的邮电通信、学校、医疗设施应单独核算成本，其中，由企业与国家有关业务管理部门、单位合资建设，完工后有偿移交的，国家有关业务管理部门、单位给予的经济补偿可<u>直接抵扣该项目的建造成本</u>，抵扣后的差额应调整当期应纳税所得额。

8. 企业采取银行<u>按揭方式</u>销售开发产品的，凡约定企业为购买方的按揭贷款提供担保的，其销售开发产品时向银行提供的保证金（担保金）<u>不得从销售收入中减</u>

除，也不得作为费用在当期税前扣除，但实际发生损失时可据实扣除。

9. 委托境外机构销售开发产品的，其支付境外机构的销售费用（含佣金或手续费）不超过委托销售收入10%的部分，准予据实扣除。

10. 利息支出的处理规定：

（1）企业为建造开发产品借入资金而发生的符合税收规定的借款费用，可按《企业会计准则》的规定进行归集和分配，其中属于财务费用性质的借款费用，可直接在税前扣除。

（2）企业集团或其成员企业统一向金融机构借款分摊集团内部其他成员企业使用的，借入方凡能出具从金融机构取得借款的证明文件，可以在使用借款的企业间合理地分摊利息费用，使用借款的企业分摊的合理利息准予在税前扣除。

11. 企业因国家无偿收回土地使用权而形成的损失，可作为财产损失按有关规定在税前扣除，企业开发产品（以成本对象为计量单位）整体报废或毁损，其净损失按有关规定审核确认后准予在税前扣除。

12. 企业开发产品转为自用的，其实际使用时间累计未超过12个月又销售的，不得在税前扣除折旧费用。

四、计税成本核算方法

表1-44　　　　　　　　　　与计税成本核算相关的知识点

涉及点	内　容
计税成本对象的确定原则	1. 可否销售原则； 2. 功能区分原则； 3. 定价差异原则； 4. 成本差异原则； 5. 权益区分原则
开发产品计税成本支出的内容	1. 土地征用费及拆迁补偿费。包括契税、耕地占用税、土地使用费、土地闲置费等； 2. 前期工程费； 3. 建筑安装工程费； 4. 基础设施建设费； 5. 公共配套设施费：指开发项目内发生的、独立的、非营利性的，且产权属于全体业主的，或无偿赠与地方政府、政府公用事业单位的公共配套设施支出； 6. 开发间接费

涉及点		内　容
成本计算方法（除预提费用情况外，计税成本均应为实际发生的成本）	企业开发、建造的开发产品应按制造成本法进行计量与核算	应计入开发产品成本中的费用属于直接成本和能够分清成本对象的间接成本，直接计入成本对象，共同成本和不能分清负担对象的间接成本，应按受益的原则和配比的原则分配至各成本对象，具体分配方法可按以下规定选择其一： 1. 占地面积法； 2. 建筑面积法； 3. 直接成本法； 4. 预算造价法
	成本的分配	1. 土地成本，一般按占地面积法进行分配。如果结合其他方法分配的，应征得税务机关同意； 2. 单独作为过渡性成本对象核算的公共配套设施开发成本，应按建筑面积法进行分配； 3. 借款费用属于不同成本对象共同负担的，按直接成本法或预算造价法进行分配； 4. 其他成本项目的分配法由企业自行确定
	可以预提费用的情况	1. 出包工程未最终办理结算而未取得全额发票的，在证明资料充分的前提下，其发票不足金额可以预提，但最高不得超过合同总金额的10%； 2. 公共配套设施尚未建造或尚未完工的，可按预算造价合理预提建造费用。此类公共配套设施属于明确承诺建造且不可撤销，或按法规必须配套建造的； 3. 应向政府上缴但尚未上缴的报批报建费用、物业完善费用可以按规定预提。物业完善费用是指按规定应由企业承担的物业管理基金、公建维修基金或其他专项基金
	其他	企业单独建造的停车场所，应作为成本对象单独核算。利用地下基础设施形成的停车场所，作为公共配套设施进行处理 　企业在结算计税成本时其实际发生的支出应当取得但未取得合法凭据的，不得计入计税成本，待实际取得合法凭据时，再按规定计入计税成本 　开发产品完工后，企业可在完工年度企业所得汇算清缴前选择确定计税成本核算的终止日，不得滞后

考试套路一

考核房地产开发企业收入确认的依据

【例题　单选·2013年真题】2012年10月，某房地产公司委托房产经纪公司销售房产，采取基价并实行超基价双方分成方式，约定由房地产公司、经纪公司与购买方三方签订销售合同，12月31日收到经纪公司的代销清单显示销售总金额8000万元，其中基价为6000万元，超基价部分应分给经纪公司400万元。根据企业所得税相关规定，房地产公司应确认销售收入（　　）万元。

　A. 6000　　　　　B. 6400　　　　　C. 7600　　　　　D. 8000

【答案】D

【关键思路与解析】房地产公司应以代销清单显示销售总金额确认销售收入，本题中代销清单显示销售总金额8000万元，故选D。

-------------------- **【考试套路总结】** --------------------

本套路考核房地产开发企业收入确认的依据，重点在于清楚：实际收款日优于合同、协议约定日。

对于委托方式，可以按以下关键词记忆，套路就是面对不同价格选择时从高：

1. 支付手续费：<u>收到受托方已销开发产品清单</u>之日确认收入实现。

2. 视同买断：企业参与签订取约定的价格和买断价格中的<u>较高者</u>；企业不参与签订按买断价。

3. 基价（保底价）并实行超基价双方分成方式：企业参与签订取约定的价格和<u>基价</u>中的<u>较高者</u>，企业按规定支付受托方的<u>分成额</u>，不得直接从销售收入中减除；企业不参与签订按基价＋分成额。

考试套路二

考核房地产开发企业成本费用扣除的税务处理

【例题1　单选·2016年真题】下列关于房地产开发企业成本、费用扣除的企业所得税处理，正确的是（　　）。

　A. 开发产品整体报废或毁损的，其确认的净损失不得在税前扣除

B. 因国家收回土地使用权而形成的损失，可按高于实际成本的 10% 在税前扣除

C. 企业集团统一融资再分配给其他成员企业使用，发生的利息费用不得在税前扣除

D. 开发产品转为自用的，实际使用时间累计未超过 12 个月又销售的，折旧费用不得在税前扣除

【答案】D

【关键思路与解析】A 选项：开发产品整体报废或毁损的，其净损失按有关规定可以在税前扣除；B 选项：因国家收回土地使用权而形成的损失，可作为财产损失按有关规定在税前扣除；C 选项：企业集团统一融资再分配给其他成员企业使用，发生的利息费用可以在使用借款的企业间合理分摊利息费用，使用借款的企业分摊的合理利息准予在税前扣除。

【例题 2　单选·2016 年真题】2013 年，甲房地产公司采用银行按揭方式销售商品房，为购房者的按揭贷款提供价值 1500 万元担保。下列关于该担保金税务处理的说法，正确的是（　　）。

A. 可以从销售收入中扣减

B. 作为销售费用在税前列支

C. 作为财务费用在税前列支

D. 实际发生损失时可以据实扣除

【答案】D

【关键思路与解析】企业采取银行按揭方式销售开发产品的，凡约定企业为购买方的按揭贷款提供担保的，其销售开发产品时向银行提供的保证金（担保金）不得从销售收入中减除，也不得作为费用在当期税前扣除，但实际发生损失时可据实扣除，故 D 正确。

-------------------------------- 【考试套路总结】 --------------------------------

本套路考核房地产开发企业成本费用扣除的税务处理，这里我们要清楚凡合理的均可以税前扣除，着重记忆如下特殊情况：

1. 企业开发产品转为自用的，其实际使用时间累计未超过 12 个月又销售的，不得在税前扣除折旧费用。

2. 委托境外机构销售开发产品的，其支付境外机构的销售费用（含佣金或手续

费）不超过委托销售收入10%的部分，准予据实扣除。

3. 开发区内建造的会所、物业管理场所、电站、热力站、水厂、文体场馆、幼儿园等配套设施：

（1）属于非营利性且产权属于全体业主的（产权不归企业），或无偿赠与地方政府、公用事业单位的，可将其视为公共配套设施，其建造费用按公共配套设施费的有关规定进行处理。（可直接抵扣该项目的建造成本）

（2）属于营利性的，或产权归企业所有的，或未明确产权归属的，或无偿赠与地方政府、公用事业单位以外其他单位的，应当单独核算其成本。除企业自用应按建造固定资产进行处理外，其他一律按建造开发产品进行处理。

考点十二
税收优惠
（重要性：★★★）

《企业所得税法》规定的税收优惠方式包括免税、减税、加计扣除、加速折旧、减计收入、税额抵免等。税收优惠可以分为税基式、税率式、税额式。

一、免征与减征优惠

（一）从事农、林、牧、渔业项目的所得

1. 企业从事下列项目的所得，免征企业所得税：

（1）蔬菜、谷物、薯类、油料、豆类、棉花、麻类、糖料、水果、坚果的种植。

（2）农作物新品种的选育。

（3）中药材的种植。

（4）林木的培育和种植。

（5）牲畜、家禽的饲养（含猪、兔的饲养及饲养牲畜、家禽产生的分泌物、排泄物）。

（6）林产品的采集。

（7）灌溉、农产品的初加工、兽医、农技推广、农机作业和维修等农、林、

牧、渔服务业项目。

（8）远洋捕捞。

2. 企业从事下列项目的所得，减半征收企业所得税：

（1）花卉、茶以及其他饮料作物（含观赏性作物的种植）和香料作物的种植；

（2）海水养殖、内陆养殖（含"牲畜、家禽的饲养"以外的生物养殖项目）。

3. 农、林、牧、渔项目的所得额优惠政策和征收管理规定：

（1）企业从事农、林、牧、渔业项目，凡属于限制和淘汰类的项目，不得享受规定的优惠政策。

（2）企业从事农作物新品种选育的免税所得，是指企业对农作物进行品种和育种材料选育形成的成果，以及由这些成果形成的种子（苗）等繁殖材料的生产、初加工、销售一体化取得的所得。

（3）企业从事林木的培育和种植的免税所得，是指企业对树木、竹子的育种和育苗、抚育和管理以及规模造林活动取得的所得，包括企业通过拍卖或收购方式取得林木所有权并经过一定的生长周期，对林木进行再培育取得的所得。

（4）农产品初加工相关事项的税务处理：

①企业根据委托合同，受托对符合规定的农产品进行初加工服务，其所收取的加工费，可以按照农产品初加工的免税项目处理。

②企业对外购茶叶进行筛选、分装、包装后进行销售的所得，不享受农产品初加工的优惠政策。

（5）购入农产品进行再种植、养殖的税务处理：

企业将购入的农、林、牧、渔产品，在自有或租用的场地进行育肥、育秧等再种植、养殖，经过一定的生长周期，使其生物形态发生变化，且并非由于本环节对农产品进行加工而明显增加了产品的使用价值的，可视为农产品的种植、养殖项目享受相应的税收优惠。

（6）企业同时从事适用不同企业所得税政策规定项目的，应分别核算，单独计算优惠项目的计税依据及优惠数额；分别核算不清的，可由主管税务机关按照比例分摊法或其他合理方法进行核定。

（7）企业委托其他企业或个人从事实施规定农、林、牧、渔业项目取得的所得，可享受相应的税收优惠政策。企业受托从事规定农、林、牧、渔业项目取得的收入，比照委托方享受相应的税收优惠政策。

（8）企业购买农产品后直接进行销售的贸易活动产生的所得，不能享受农、林、牧、渔业项目的税收优惠政策。

（二）从事国家重点扶持的公共基础设施项目投资经营的所得

1. 企业从事国家重点扶持的公共基础设施项目投资经营的所得，自项目取得第一笔生产经营收入所属纳税年度起，第 1～3 年免征，第 4～6 年减半征收。（三免三减半）

2. 企业投资经营符合条件和标准的公共基础设施项目，采用一次核准、分批次建设的，凡同时符合以下条件的，可按每一批次为单位计算所得，并享受企业所得税"三免三减半"优惠。

3. 电网企业电网新建项目享受所得税优惠政策。

电网企业电网新建项目以资产比例法，即以企业新增输变电固定资产原值占企业总输变电固定资产原值的比例，也可作为公共基础设施项目，享受"三免三减半"。

（三）从事符合条件的环境保护、节能节水项目所得

环境保护、节能节水项目（公共污水和垃圾处理、沼气综合开发利用、节能减排技术改造、海水淡化等）的所得，实行"三免三减半"，即自项目取得第一笔生产经营收入所属纳税年度起，第 1 年至第 3 年免征，第 4 年至第 6 年减半征收。

（四）符合条件的技术转让所得

一个纳税年度内，居民企业转让技术所有权所得不超过 500 万元的部分，免征企业所得税；超过 500 万元的部分，减半征收企业所得税。

技术转让的范围：

1. 包括居民企业转让专利技术（法律授予独占权的发明、实用新型和非简单改变产品图案的外观设计）、计算机软件著作权、集成电路布图设计权、植物新品种、生物医药新品种，5 年以上（含 5 年）非独占许可使用权，以及财政部和国家税务总局确定的其他技术。

2. 居民企业取得禁止出口和限制出口技术转让所得，不享受技术转让减免企业所得税优惠政策。

3. 居民企业从直接或间接持有股权之和达到 100% 的关联方取得的技术转让所得，不享受技术转让减免企业所得税优惠政策。

4. 享受减免企业所得税优惠的技术转让应符合以下条件：

（1）享受优惠的技术转让主体是《企业所得税法》规定的居民企业；

（2）技术转让属于财政部、国家税务总局规定的范围；

（3）境内技术转让经省级以上科技部门认定；

（4）向境外转让技术经省级以上商务部门认定；

（5）国务院税务主管部门规定的其他条件。

5. 技术转让的计算：

$$技术转让所得 = 技术转让收入 - 技术转让成本 - 相关税费$$

（1）技术转让收入是指转让方履行技术转让合同后获得的价款，<u>不包括销售或</u>转让设备、仪器、零部件、原材料等<u>非技术性收入</u>以及<u>不属于与技术转让项目密不可分</u>的技术咨询、技术服务、技术培训等收入。

<u>不属于与技术转让项目密不可分</u>的技术咨询、技术服务、技术培训等收入，不得计入技术转让收入。

（2）可以计入技术转让收入的技术咨询、服务、培训收入是指转让方为使受让方掌握所转让的技术投入使用、实现产业化而提供的必要的技术咨询、服务和培训所产生的收入，并应同时符合以下条件：

①在技术转让合同中约定的与该技术转让相关的技术咨询、服务、培训；

②技术咨询、服务、培训收入与该技术转让项目收入一并收取价款。

（3）技术转让成本是指无形资产的净值，计算公式为：

$$技术转让成本 = 无形资产的计税基础 - 摊销扣除额$$

（4）相关税费是指除企业所得税和允许抵扣的增值税以外的各项税金及其附加、<u>合同签订费用、律师费等相关费用及其他支出。</u>

（五）铁路债券利息收入

对企业投资者持有 2016—2018 年发行的铁路债券取得的利息收入，减半征收企业所得税。

二、高新技术企业优惠

（一）国家需要重点扶持的高新技术企业减按 15% 的税率征收企业所得税

1. 高新技术企业的界定

高新技术企业是指在国际重点支持的高新技术领域内，持续进行研究开发与技术成果转化，形成企业核心自主知识产权，并以此为基础开展经营活动，在中国境内（不包括港、澳、台地区）注册的居民企业。

2. 认定为高新技术企业须同时满足以下条件

（1）企业申请认定时须工商注册满 1 年以上；

（2）企业通过自主研发、受让、受赠、并购等方式，获得对其主要产品（服务）在技术上发挥核心支持作用的知识产权的所有权；

（3）对企业主要产品（服务）发挥核心支持作用的技术属于《国家重点支持的高新技术领域》规定的范围；

（4）企业从事研发和相关技术创新活动的科技人员占企业当年职工总数的比例不低于 10%；

（5）企业近三个会计年度（实际经营期不满 3 年的按实际经营时间计算，下同）的研究开发费用总额占同期销售收入总额的比例符合如下要求：

①最近一年销售收入小于 5000 万元（含）的企业，比例不低于 5%；

②最近一年销售收入为 5000 万元至 2 亿元（含）的企业，比例不低于 4%；

③最近一年销售收入为 2 亿元以上的企业，比例不低于 3%。

其中，企业在中国境内发生的研究开发费用总额占全部研究开发费用总额的比例不低于 60%；

（6）近一年高新技术产品（服务）收入占企业同期总收入的比例不低于 60%；

（7）企业创新能力评价应达到相应要求；

（8）企业申请认定前一年内未发生重大安全、重大质量事故或严重环境违法行为。

（二）技术先进型服务企业所得税优惠

自 2017 年 1 月 1 日起，对经认定的技术先进型服务企业，减按 15% 的税率征收企业所得税。享受企业所得税优惠政策的技术先进型服务企业必须同时符合以下条件：

1. 在中国境内注册的法人企业；

2. 从事符合条件的一种或多种技术先进型服务业务，采用先进技术或具备较强的研发能力；

3. 具有大专以上学历的员工占企业职工总数的 50% 以上；

4. 从事符合条件的业务取得收入占企业当年总收入的 50% 以上；

5. 从事离岸服务外包业务取得的收入不低于企业当年总收入的 35%。

三、小型微利企业的征收管理

小型微利企业减按 20% 的所得税税率征收企业所得税。

享受减半征收企业所得税优惠政策的小微企业年应纳税所得额上限提高到 100 万元，实施期限为 2018 年 1 月 1 日至 2020 年 12 月 31 日。（在 20% 的基础上减半征收，实际为 10%）

四、加计扣除优惠

（一）一般企业的研究开发费

企业开展研发活动中实际发生的研发费用，未形成无形资产计入当期损益的，在按规定据实扣除的基础上，再按照本年度实际发生额的50%从本年度应纳税所得额中扣除；形成无形资产的，按照无形资产成本的150%在税前摊销。

1. 研发费用的具体范围包括：

（1）人员人工费用。人员人工费用包括直接从事研发活动人员的工资薪金、基本养老保险费、基本医疗保险费、失业保险费、工伤保险费、生育保险费和住房公积金，以及外聘研发人员的劳务费用。

（2）直接投入费用。

①研发活动直接消耗的材料、燃料和动力费用。

②用于中间试验和产品试制的模具、工艺装备开发及制造费，不构成固定资产的样品、样机及一般测试手段购置费，试制产品的检验费。

③用于研发活动的仪器、设备的运行维护、调整、检验、维修等费用，以及通过经营租赁方式租入的用于研发活动的仪器、设备租赁费。

（3）折旧费用。折旧费用包括用于研发活动的仪器、设备的折旧费。

（4）无形资产摊销。无形资产摊销包括用于研发活动的软件、专利权、非专利技术（包括许可证、专有技术、设计和计算方法等）的摊销费用。

（5）新产品设计费、新工艺规程制定费、新药研制的临床试验费、勘探开发技术的现场试验费。

（6）其他相关费用。包括与研发活动直接相关的其他费用，如技术图书资料费、资料翻译费、专家咨询费、高新科技研发保险费，研发成果的检索、分析、评议、论证、鉴定、评审、评估、验收费用，知识产权的申请费、注册费、代理费、差旅费、会议费等。此项费用总额不得超过可加计扣除研发费用总额的10%。

（7）财政部和国家税务总局规定的其他费用。

2. 不适用税前加计扣除政策的活动：

（1）企业产品（服务）的常规性升级。

（2）对某项科研成果的直接应用，如直接采用公开的新工艺、材料、装置、产品、服务或知识等。

（3）企业在商品化后为顾客提供的技术支持活动。

（4）对现存产品、服务、技术、材料或工艺流程进行的重复或简单改变。

（5）市场调查研究、效率调查或管理研究。

（6）作为工业（服务）流程环节或常规的质量控制、测试分析、维修维护。

（7）社会科学、艺术或人文学方面的研究。

3. 不适用税前加计扣除政策的行业：

（1）烟草制造业。

（2）住宿和餐饮业。

（3）批发和零售业。

（4）房地产业。

（5）租赁和商务服务业。

（6）娱乐业。

（7）财政部和国家税务总局规定的其他行业。

4. 特别事项的处理。

（1）企业委托外部机构或个人进行研发活动所发生的费用，按照费用实际发生额的80%计入委托方研发费用并计算加计扣除，受托方不得再进行加计扣除。

（2）企业共同合作开发的项目，由合作各方就自身实际承担的研发费用分别计算加计扣除。

（3）企业集团根据实际情况，需要集中研发的项目，其实际发生的研发费用，在受益成员企业间进行分摊，由相关成员企业分别计算加计扣除。

（二）企业安置残疾人员所支付的工资

企业安置残疾人员的，在按照支付给残疾职工工资据实扣除的基础上，按照支付给残疾职工工资的100%加计扣除。加计扣除满足下列条件：

1. 依法与安置的每位残疾人签订了1年以上（含1年）的劳动合同或服务协议，并且安置的每位残疾人在企业实际上岗工作。

2. 为安置的每位残疾人按月足额缴纳了符合规定的基本养老、基本医疗、失业和工伤等社会保险。

3. 定期通过银行等金融机构向安置的每位残疾人实际支付了不低于企业所在区、县适用的经省级人民政府批准的最低工资标准的工资。

4. 具备安置残疾人上岗工作的基本设施。

（三）科技型中小企业的研究开发费用

科技型中小企业开展研发活动中实际发生的研发费用，未形成无形资产计入当期损益的，在按规定据实扣除的基础上，在 2017 年 1 月 1 日至 2019 年 12 月 31 日期间，再按照实际发生额的 75% 在税前加计扣除；形成无形资产的，在上述期间按照无形资产成本的 175% 在税前摊销。

五、创投企业优惠

创业投资企业采取股权投资方式投资于未上市的中小高新技术企业 2 年以上的，可按其投资额的70% 在股权持有满 2 年的当年抵扣该创业投资企业的应纳税所得额；当年不足抵扣的，可在以后纳税年度结转抵扣。

六、加速折旧优惠

（一）一般性规定

企业的固定资产由于技术进步原因确实需要加速折旧可以缩短折旧年限或者采取加速折旧的方法。

1. 可以采取缩短折旧年限或者采取加速折旧的方法的固定资产，包括：

（1）由于技术进步，产品更新换代较快的固定资产；

（2）常年处于强震动、高腐蚀状态的固定资产。

2. 采取缩短折旧年限方法的，最低折旧年限不得低于规定折旧年限的60%；

3. 采取加速折旧方法的，可以采取双倍余额递减法或者年数总和法。

（二）特殊行业规定

1. 对生物药品制造业，专用设备制造业，铁路、船舶、航空航天和其他运输设备制造业，计算机、通信和其他电子设备制造业，仪器仪表制造业，信息传输、软件和信息技术服务业 6 个行业的企业 2014 年 1 月 1 日后新购进的固定资产，可缩短折旧年限或采取加速折旧的方法。

2. 对所有行业企业 2014 年 1 月 1 日后新购进的专门用于研发的仪器、设备，单位价值不超过 100 万元的，允许一次性计入当期成本费用在计算应纳税所得额时扣除，不再分年度计算折旧；单位价值超过 100 万元的，可缩短折旧年限或采取加速折旧的方法。

（根据最新政策，将享受当年一次性税前扣除优惠的企业新购进研发仪器、设备单位价值上限，提高到 500 万元，实施期限为 2018 年 1 月 1 日至 2020 年 12 月 31 日。）

3. 对所有行业企业持有的单位价值不超过 5000 元的固定资产，允许一次性计入当期成本费用在计算应纳税所得额时扣除，不再分年度计算折旧。

4. 企业按上述第 1～2 条规定缩短折旧年限的，最低折旧年限不得低于《企业所得税法实施条例》第六十条规定折旧年限的 60%；采取加速折旧方法的，可采取双倍余额递减法或者年数总和法。第 1～3 条规定之外的企业固定资产加速折旧所得税处理问题，继续按照《企业所得税法》及其实施条例和现行税收政策规定执行。

5. 企业的固定资产采取加速折旧方法的，可以采用双倍余额递减法或者年数总和法。加速折旧法一经确定，一般不得变更。

（三）四个领域重点行业加速折旧

对轻工、纺织、机械、汽车四个领域重点行业，企业 2015 年 1 月 1 日后新购进的固定资产（包括自行建造，下同），允许缩短折旧年限或采取加速折旧方法。

对四个领域重点行业小型微利企业 2015 年 1 月 1 日后新购进的研发和生产经营公用的仪器、设备，单位价值不超过 100 万元（含）的，允许在计算应纳税所得额时一次性全额扣除；单位价值超过 100 万元的，允许缩短折旧年限或采取加速折旧方法。

七、减计收入优惠

综合利用资源是指企业以《资源综合利用企业所得税优惠目录》规定的资源作为主要原材料，生产国家非限制和禁止并符合国家和行业相关标准的产品取得的收入，减按 90% 计入收入总额。

八、税额抵免优惠

企业购置并实际使用《环境保护专用设备企业所得税优惠目录》《节能节水专用设备企业所得税优惠目录》等规定的环境保护、节能节水、安全生产等专用设备的，该专用设备的投资额的 10% 可以从企业当年的应纳税额中抵免；当年不足抵免的，可以在以后 5 个纳税年度结转抵免。

九、民族自治地方的优惠

民族自治地方的自治机关对本民族自治地方的企业应缴纳的企业所得税中<u>属于地方分享的部分</u>可决定减征或免征。

1. 国家限制和禁止行业的企业，不得减征或者免征企业所得税。

2. 须报省、自治区、直辖市人民政府批准。

十、非居民企业优惠

1. 在中国境内未设立机构、场所，或者虽设立机构、场所但取得的所得与其所设机构、场所没有实际联系的非居民企业<u>减按10%</u>的税率征收。

2. 上述非居民企业取得下列所得<u>免征</u>：

（1）外国<u>政府</u>向中国<u>政府</u>提供贷款取得的利息所得；

（2）国际金融组织向中国政府和居民企业提供<u>优惠贷款</u>取得的利息所得；

（3）经<u>国务院</u>批准的其他所得。

十一、促进节能服务产业发展的优惠

对符合条件的节能服务公司实施合同能源管理项目，符合有关规定的，自项目取得<u>第一笔生产经营收入</u>所属纳税年度起，第1~3年免征企业所得税，第4~6年按照25%的法定税率减半征收企业所得税。

十二、其他有关行业的优惠

（一）软件产业和集成电路产业发展的优惠政策

1. 符合条件的软件生产企业按规定实行即征即退政策所退还的增值税，专项用于软件产品研发和扩大再生产并单独进行核算，不作为应税收入，不予征收企业所得税。

2. 集成电路设计企业和符合条件软件企业的<u>职工培训费用</u>，应单独进行核算并按实际发生额在计算应纳税所得额时扣除。

3. 企业外购的软件，凡符合固定资产或无形资产确认条件的，可以按照固定资产或无形资产进行核算，其折旧或摊销年限可以适当缩短，最短可为2年（含）。

4. 集成电路生产企业的生产设备，其折旧年限可以适当缩短，最短可为3年（含）。

5. 国家规划布局内的重点软件企业和集成电路设计企业，如当年未享受免税优惠的，可减按<u>10%</u>的税率征收企业所得税。

6. 相关政策。

（1）集成电路线宽小于0.8微米（含）的集成电路生产企业，经认定后，自获利年度起<u>二免三减半</u>。

（2）集成电路线宽小于0.25微米或投资额超过80亿元，经认定后，减按15%的税率；其中经营期在15年以上的，<u>五免五减半</u>。

（3）境内新办的集成电路设计企业和符合条件的软件企业，二免三减半。

（二）关于鼓励证券投资基金发展的优惠政策

1. 对证券投资基金从证券市场中取得的收入，包括买卖股票、债券的差价收入，股权的股息、红利收入，债券的利息收入及其他收入，<u>暂不征收</u>企业所得税。

2. 对投资者从证券投资基金分配中取得的收入，<u>暂不征收</u>企业所得税。

3. 对证券投资基金管理人运用基金买卖股票、债券的差价收入，<u>暂不征收</u>企业所得税。

（三）保险保障基金有关所得税优惠规定

中国保险保障基金有限责任公司根据《保险保障基金管理办法》取得的下列收入，<u>免征</u>企业所得税：

1. 境内保险公司依法缴纳的保险保障基金；

2. 依法从撤销或破产保险公司清算财产中获得的受偿收入和向有关责任方追偿所得，以及依法从保险公司风险处置中获得的财产转让所得；

3. 捐赠所得；

4. 银行存款利息收入；

5. 购买政府债券、中央银行、中央企业和中央级金融机构发行债券的利息收入；

6. 国务院批准的其他资金运用取得的收入。

考试套路一

考核免征与减征优惠范围

【例题 多选·2015年真题】企业从事下列项目所得，免征企业所得税的有

（　　）。

    A. 企业受托从事蔬菜种植

    B. 企业委托个人饲养家禽

    C. 企业外购蔬菜分包后销售

    D. 农机作业和维修

    E. 农产品初加工

【答案】ABDE

【关键思路与解析】企业外购蔬菜分包后销售，不能享受农、林、牧、渔业项目的税收优惠政策，故不选 C。

-------------------------------【考试套路总结】-------------------------------

抓住此套路在于清楚减半征收的项目是干扰项。我们须知道与农、林、牧、渔项目相关的是免征的，我们主要区分记忆这几项减半征收的：花卉、茶以及其他饮料作物和香料作物的种植、海水养殖、内陆养殖。

【记忆口诀】农林牧渔免，减半有以下：花卉茶香料，海水加内陆。

考试套路二
考核国家重点公共基础设施投资经营的所得税优惠政策

【例题　单选·2014 年真题】甲公司经营符合《公共基础设施项目企业所得税优惠目录》规定的码头，2010 年取得第一笔生产经营收入，2011 年开始盈利，2013 年甲公司将码头转让给乙投资公司经营，乙公司当年因码头项目取得应纳税所得额 5000 万元。2013 年乙公司就该所得应纳企业所得税（　　）万元。

    A. 1250   B. 0   C. 750   D. 625

【答案】D

【关键思路与解析】从事国家重点扶持的公共基础设施项目享受"三免三减半"优惠时，在减免期限内转让的，受让方自受让之日起，可以在剩余期限内享受规定的减免税优惠。乙公司应就该项所得缴纳企业所得税 5000 × 50% × 25% = 625（万元）。

掌握本套路关键是要知道享受"三免三减半"的优惠开始的年度是取得第一笔生产经营收入所属纳税年度，不是获利年度和成立年度。另外要关注的是，项目在减免期限内转让的，受让方可以在剩余期限内享受规定的减免税优惠。

考试套路三

考核符合条件的技术转让的范围和计算

【例题　多选·2014 年真题改编】我国居民企业的下列技术转让行为中，符合税法规定可以享受技术转让所得免征、减征企业所得税的有（　　）。

A. 转让国家限制出口技术

B. 转让国家禁止出口技术

C. 转让其拥有的技术所有权

D. 转让其拥有的 6 年全球独占许可使用权

E. 转让计算机软件著作权给 100% 控股子公司

【答案】CD

【关键思路与解析】居民企业取得禁止出口和限制出口技术转让所得，以及从直接或间接持有股权之和达到 100% 的关联方取得的技术转让所得不享受技术转让减免企业所得税优惠政策，故 A、B、E 错误。

本套路考核符合条件的技术转让的范围和计算，这里对技术的范围有一定要求，其中我们要特别注意不享受技术转让减免企业所得税优惠政策的情况，包括：非居民企业，居民企业取得禁止出口和限制出口技术转让所得，居民企业从直接或间接持有股权之和达到100%的关联方取得的技术转让所得。

技术转让所得 = 技术转让收入 − 技术转让成本 − 相关税费

其中技术转让收入包括：为使受让方掌握所转让的技术投入使用、实现产业化而提供的必要的技术咨询、服务和培训所产生的收入；技术转让收入不包括：销售或转让设备、仪器、零部件、原材料等非技术性收入以及不属于与技术转让项目密不可分的技术咨询、技术服务、技术培训等收入。

考试套路四

考核创投企业优惠政策

【例题　单选·2015 年真题】 甲企业 2013 年 8 月以股权投资方式向未上市的中小高新技术企业乙投资 2300 万元，下列关于 2015 年企业可以享受税收优惠政策的说法，正确的是（　　）。

A. 2015 年乙企业满足中小企业标准

B. 甲企业 2015 年可以抵扣应纳税所得额 1800 万元

C. 甲企业可以专门或者兼营从事企业投资活动

D. 2015 年乙企业满足高新技术企业

【答案】 D

【关键思路与解析】 创业投资企业采取股权投资方式投资于未上市的中小高新技术企业 2 年以上的，可以按照其投资额的 70%，在股权持有满 2 年的当年抵扣该创业投资企业的应纳税所得额；当年该创业投资企业的应纳税所得额不足抵扣的，可以在以后纳税年度结转抵扣，2015 年乙企业应该满足高新技术企业标准才符合选项 A 不选。选项 B：甲企业 2015 年可以抵扣应纳税所得额 = 2300×70% = 1610（万元）；选项 C：甲企业必须是专门从事投资活动的企业；选项 D：中小企业接受创业投资之后，仍然符合高新技术企业标准的，不影响创业投资企业享受有关税收优惠，故 D 正确。

-------------------- **【考试套路总结】** --------------------

对于创投企业的优惠一定要清楚，并且会运用计算。对未上市的中小高新技术企业的认定除通过高新技术企业的认定外，还应符合职工人数不超过 500 人、年销售额不超过 2 亿元、资产总额不超过 2 亿元。

满 2 年的时间是从被认定为高新技术企业的年度起，若后续规模超过中小企业标准，也不影响创投企业享受有关税收优惠。

考试套路五

考核税额抵免优惠范围和计算

【例题 1　多选·2011 年真题】 根据企业所得税相关规定，以下关于购进专用设备进行税额抵免时其投资额的确认，说法正确的有（　　）。

A. 增值税进项税额允许抵扣的，投资额不包括增值税进项税额

B. 增值税进项税额允许抵扣的，投资额为专用发票上注明的价款金额

C. 企业为购买专用设备取得普通发票的，投资额为普通发票上注明的金额

D. 增值税进项税额不允许抵扣的，投资额为专用发票上注明的价税合计金额

E. 企业为购买专用设备取得普通发票的，投资额为普通发票上注明的金额扣除增值税后的余额

【答案】ABCD

【关键思路与解析】选项E：企业购买专用设备取得普通发票的，投资额为普通发票上注明的金额。

【例题2　单选·2011年真题】2012年9月，某化肥厂购进一台污水处理设备并投入使用（该设备属于环境保护专用设备企业所得税优惠目录列举项目），取得增值税专用发票注明设备价款100万元、进项税额17万元。该厂可抵免企业所得税税额（　　）万元。

A. 10　　　　　　B. 11.7　　　　　　C. 100　　　　　　D. 117

【答案】A

【关键思路与解析】企业购置并实际使用相关规定的环境保护、节能节水、安全生产等设备的，该设备的投资额的10%可以从企业当年的应纳税所得额中抵扣。该厂可抵免企业所得税税额 = 100×10% = 10（万元）

-------------------------【考试套路总结】-------------------------

本套路考核税额抵免优惠范围和金额，环保、节能节水、安全生产专用设备的投资额的10%，可以从应纳税额中抵免，这里要注意三点。第一，应当实际购置并且自身实际使用的（要实际购买的，不能是借给别人用的）；第二，对于专用设备要是在相应的企业所得税优惠目录下；第三，购买设备的进项税可以抵扣的，投资额不包括进项税，购买设备进项税不能抵扣的（例如，取得普通发票），投资额包括价税合计金额。

考试套路六

考核加速折旧优惠政策

【例题　多选·2016年真题】下列机械企业2015年1月1日后购进资产的税务处理，正确的有（　　）。

A. 小型微利企业购进用于生产经营的价值 120 万元的固定资产允许一次性税前扣除

B. 小型微利企业购进用于研发的价值 80 万元的固定资产允许一次性税前扣除

C. 固定资产缩短折旧年限的不能低于规定折旧年限的 60%

D. 购进的固定资产允许采用加速折旧方法

E. 购进的固定资产允许缩短折旧年限

【答案】BCDE

【关键思路与解析】四个领域重点行业小型微利企业 2015 年 1 月 1 日后新购进的研发和生产经营共用的仪器、设备，单位价值不超过 100 万元（含）的，允许在计算应纳税所得额时一次性全额扣除；单位价值超过 100 万元的，允许缩短折旧年限或采取加速折旧方法。

-------------------------------- 【考试套路总结】 --------------------------------

这里可以结合本专题考点七的套路一和套路二掌握，政策比较新，涉及面也很广，重点记忆。

考点十三
应纳税额的计算
（重要性：★★★）

一、居民企业应纳税额的计算

1. 居民企业应纳税额计算公式

居民企业应纳税额＝应纳税所得额×适用税率－减免税额－抵免税额

2. 应纳税所得额的计算一般有两种方法

（1）直接计算法：

应纳税所得额＝收入总额－不征税收入－免税收入－各项扣除－弥补亏损

（2）间接计算法：

应纳税所得额＝会计利润总额±纳税调整项目金额

二、境外所得抵扣税额的计算

我国税法规定对境外已纳税款实行限额抵免，抵免限额采用分国不分项的计算原则。

1. 计算公式

企业实际应纳所得税额＝企业境内外所得应纳税总额－企业所得税减免、
抵免优惠税额－境外所得税抵免额

2. 抵免限额的计算

抵免限额＝中国境内、境外所得依照税法规定计算的应纳税总额×来源于
某国（地区）的应纳税所得额÷中国境内、境外应纳税所得总额

简化形式：

抵免限额＝来源于某国（地区）的应纳税所得额
（境外税前所得额）×我国法定税率

3. 税务处理

境外已纳税款与抵免限额比较，二者中比较小者，从汇总纳税的应纳税总额中扣减。

• 境外所得涉及的税款，少缴必补，多缴当年不退，以后 5 年抵免。

三、居民企业核定征收应纳税额的计算

（一）核定征收企业所得税的范围

1. 依照法律、行政法规的规定可以不设置账簿的；

2. 依照法律、行政法规的规定应当设置但未设置账簿的；

3. 擅自销毁账簿或者拒不提供纳税资料的；

4. 虽设置账簿，但账目混乱或者成本资料、收入凭证、费用凭证残缺不全，难以查账的；

5. 发生纳税义务，未按照规定的期限办理纳税申报，经税务机关责令限期申报，逾期仍不申报的；

6. 申报的计税依据明显偏低，又无正当理由的。

• 特定企业不适用：

1. 享受税收优惠政策的企业（不包括仅享受免税收入优惠政策的企业和符合条件的小型微利企业）；

2. 汇总纳税企业；

3. 上市公司；

4. 银行、信用社、小额贷款公司、保险公司、证券公司、期货冻死、信托投资公司、融资租赁公司、财务公司、典当公司等<u>金融企业</u>；

5. 会计、审计、资产评估、税务、房地产估价、工程造价、律师、专利代理、商标代理以及其他经济鉴证类社会<u>中介机构</u>；

6. <u>国家税务总局</u>规定的其他企业。

（二）核定征收的办法

1. 具有下列情形之一的，核定其应税所得率：

（1）能正确核算（查实）收入总额，但不能正确核算（查实）成本费用总额的；

（2）能正确核算（查实）成本费用总额，但不能正确核算（查实）收入总额的；

（3）通过合理方法，能计算和推定纳税人收入总额或成本费用总额的。

【提示】纳税人不属于以上情形的，核定其应纳所得税额。

2. 核定应税所得率征收的计算公式。

$$应纳所得税额 = 应纳税所得额 × 适用税率$$
$$应纳税所得额 = 应税收入额 × 应税所得率$$

或：

$$应纳税所得额 = 成本（费用）支出额 ÷ （1 - 应税所得率）× 应税所得率$$
$$公式中的"应税收入" = 收入总额 - 不征税收入 - 免税收入$$

四、非居民企业应纳税额的计算

1. 在中国境内未设立机构、场所或虽设立机构、场所但所得与所设机构、场所<u>没有实际联系</u>的非居民企业所得，按下列方法计算所得额。

（1）股息、红利等权益性投资收益和利息、租金、特许权使用费所得，以<u>收入全额</u>为应纳税所得额。

（2）<u>转让财产所得</u>，以收入全额减除财产净值后的<u>余额</u>为应纳税所得额。

【提示】财产的<u>净值</u>是指有关资产、财产的计税基础减除按照规定已经扣除的折旧、折耗、摊销、准备金等后的余额。

（3）其他所得，参照前两项规定的办法计算应纳税所得额。

2. 扣缴义务人在<u>每次</u>向非居民企业支付或到期应支付时扣缴企业所得税。

$$扣缴企业所得税应纳税额 = 应纳税所得额 × 实际征收率（10\%）$$

3. 营改增试点中的非居民企业取得的所得，应以<u>不含增值税</u>的收入全额作为应纳税所得额。

五、非居民企业所得税核定征收办法

非居民企业因会计账簿不健全，<u>资料残缺难以查账</u>，或者因其他原因不能准确计算并据实申报其应纳税所得额的，税务机关有权采取以下方法核定其应纳税所得额。

1. 核定方法（见表1-45）

表1-45 核定方法分类情况

核定方法	计算公式	适用范围
<u>收入总额</u>核定	应纳税所得额＝收入总额×经税务机关核定的利润率	收入能正确计算或推定，但成本费用不能正确计算
<u>成本费用</u>核定	应纳税所得额＝成本费用总额÷（1－经税务机关核定的利润率）×经税务机关核定的利润率	成本费用能正确计算但收入总额不能正确计算
<u>经费支出</u>换算收入核定	应纳税所得额＝经费支出总额÷（1－经税务机关核定的利润率－营业税税率）×经税务机关核定的利润率	经费支出总额能正确计算，但收入总额和成本费用不能正确计算

2. 利润率的确定

（1）从事承包工程作业、设计和咨询劳务的，利润率为15%～30%；

（2）从事管理服务的，利润率为30%～50%；

（3）从事其他劳务或劳务以外经营活动的，利润率不低于15%。

六、企业转让上市公司限售股有关所得税问题

（一）纳税义务人

转让限售股取得收入的企业，为企业所得税的纳税义务人。

（二）企业转让个人出资而代持有的限售股的规定

1. 转让限售股取得的收入作为应税收入计算纳税。

$$转让所得 = 转让收入 - 限售股原值 - 合理税费$$

【提示】企业未能提供完整真实的限售股原值凭证，<u>不能准确计算该限售股原值</u>

的，主管税务机关一律按该限售股转让收入的15%，核定为该限售股原值和合理税费。

【提示】完成纳税义务后的限售股转让收入余额转付给实际所有人时不再纳税。

2. 依法院判决、裁定等原因，通过证券登记结算公司，企业将其代持的个人限售股直接变更到实际所有人名下的，不视同转让限售股。

（三）解禁前将其持有的限售股转让给其他企业或个人

1. 企业应按减持在证券登记结算机构登记的限售股取得的全部收入，计入企业当年度应税收入计算纳税。

2. 企业持有的限售股在解禁前已签订协议转让给受让方，但未变更股权登记仍由企业持有的，企业实际减持该限售股取得的收入，依照本条第一项规定纳税后，其余额转付给受让方的，受让方不再纳税。

考试套路一
考核核定征收企业所得税的适用及核定方法

【例题1　多选·2011年真题】企业发生下列情形，适用居民企业核定征收企业所得税的有（　　）。

　　A. 擅自销毁账簿或者拒不提供纳税资料的

　　B. 依照法律、行政法规的规定可以不设置账簿的

　　C. 发生纳税义务，未按照规定的期限办理纳税申报的

　　D. 依照法律、行政法规的规定应当设置但未设置账簿的

　　E. 虽设置账簿，但成本资料、收入凭证、费用凭证残缺不全，难以查账的

【答案】ABDE

【关键思路与解析】纳税人具有下列情形之一的，核定征收企业所得税：依照法律、行政法规的规定可以不设置账簿的，故选B；依照法律、行政法规的规定应当设置但未设置账簿的，故选D；擅自销毁账簿或者拒不提供纳税资料的，故选A；虽设置账簿，但账目混乱或者成本资料、收入凭证、费用凭证残缺不全，难以查账的，故选E；发生纳税义务，未按照规定的期限办理纳税申报，经税务机关责令限期申报，逾期仍不申报的；申报的计税依据明显偏低，又无正当理由的。

【例题2　单选·2016年真题】下列关于核定征收企业所得税的说法，正确的是（　　）。

A. 采用两种以上方法测算的应纳税额不一致时，应按测算的应纳税额从低核定征收

B. 经营多业的纳税人经营项目单独核算的，税务局分别确定各项目的应税所得率

C. 纳税人的法定代表人发生变化的，应向税务机关申报调整已确定的应税所得率

D. 专门从事股权投资业务的企业不得核定征收企业所得税

【答案】 D

【关键思路与解析】 用两种以上方法测算的应纳税额不一致时，可按测算的应纳税额从高核定征收，故选项 A 错误；经营多业的纳税人经营项目，无论经营项目是否单独核算，均由税务机关根据主营项目确定适用的应税所得率，选项 B 错误；纳税人的生产经营范围、主营业务发生重大变化，或者应纳税所得额或者应纳税额增减变化达到20%的，应向税务机关申报调整已确定的应税所得率或应纳税额，选项 C 错误，专门从事股权投资业务的企业不得核定征收企业所得税，故选 D。

-------------------- **【考试套路总结】** --------------------

　　本套路考核核定征收企业所得税的适用及方法，重点在于抓住一些关键词："不设置账簿的""不提供纳税资料的""难以查账的""逾期仍不申报的""计税依据明显偏低"。对核定方法的套路可以这样理解，如果核定应税所得率，需要有确定的依据，则收入能确定就以收入作为依据，成本能确定就以成本作为依据；如果没有依据，就不能核定应税所得率，只能直接考虑应该缴多少税（核定应税所得额）。

考试套路二

考核非居民企业应纳税额的计算方法

　　【例题　多选·2013 年真题】 对于在中国境内未设立机构、场所的，或者虽设立机构、场所但取得的所得与其所设机构、场所没有实际联系的非居民企业的所得，计算应纳税所得额的方法有（　　）。

A. 转让财产所得，以收入全额为应纳税所得额

B. 利息所得，以收入全额为应纳税所得额

C. 租金所得，以收入全额为应纳税所得额

D. 特许权使用费所得，以收入全额为应纳税所得额

E. 股息、红利等权益性投资收益，以收入全额为应纳税所得额

【答案】BCDE

【关键思路与解析】转让财产所得，以收入全额减除财产净值后的余额为应纳税所得额，故 A 不选。

------------------------- **【考试套路总结】** -------------------------

本套路的逻辑我们可以简单理解记忆为，与转让财产有关的适用差额征税，其余所得全额纳税，注意区分。

中国境内未设立机构、场所的非居民企业从中国境内取得的转让财产所得，以收入全额减除财产净值后的余额为应纳税所得额，其他所得如股息、租金、特许权使用费等，应按收入全额计算征收企业所得税。

考点十四
源泉扣缴
（重要性：★★）

一、扣缴义务人

1. 对非居民企业在中国境内未设立机构、场所的，或者虽设立机构、场所但取得的所得与其所设机构、场所没有实际联系的所得应缴纳的所得税，实行源泉扣缴，以支付人为扣缴义务人。

2. 对非居民企业在中国境内取得工程作业和劳务所得应缴纳的所得税，税务机关可以指定工程价款或者劳务费的支付人为扣缴义务人。

二、扣缴方法

1. 应当扣缴的所得税，扣缴义务人未依法扣缴或者无法履行扣缴义务的，由企业在所得发生地缴纳。企业未依法缴纳的，税务机关可以从该企业在中国境内其他收入项目的支付人应付的款项中，追缴该企业的应纳税款。（在中国境内存在多处所得发生地的，由企业选择其中之一申报缴纳企业所得税）

2. 扣缴义务人每次代扣的税款，应当自代扣之日起7日内缴入国库，并向所在地的税务机关报送扣缴企业所得税报告表。

三、税源管理

1. 扣缴义务人和非居民企业首次签订与应税所得有关的业务合同或协议的，扣缴义务人应当自合同签订之日起30日内，向其主管税务机关申报办理扣缴税款登记。

2. 扣缴义务人每次和非居民企业签订与应税所得有关的业务合同应当自合同签订之日起30日内，向其主管税务机关报送《扣缴企业所得税合同备案登记表》、合同复印件及相关资料。

四、征收管理

1. 扣缴义务人在每次向居民企业支付或者到期支付应纳所得税时，应从支付或者到期应支付的款项中扣缴企业所得税。

2. 非居民企业拒绝代扣税款的，扣缴义务人应当暂停支付相当于非居民企业应纳税款的款项，并在1日内向其主管税务机关报告，并报送书面情况说明。

3. 扣缴义务人未依法扣缴或者无法履行扣缴义务的，非居民企业应于扣缴义务人支付或者到期应支付之日起7日内，到所得发生地主管税务机关申报缴纳企业所得税。

4. 对多次付款的合同项目，扣缴义务人应当在履行合同最后一次付款前15日内，向主管税务机关报送合同全部付款明细、前期扣缴表和完税凭证等资料，办理扣缴税款清算手续。

考试套路

考核源泉扣缴的相关规定

【例题1 单选·2009年真题】依据企业所得税相关规定，下列表述正确的是（ ）。

A. 境外营业机构的盈利可以弥补境内营业机构的亏损

B. 扣缴义务人每次扣缴的税款，应当自代扣之日起10日内缴入国库

C. 扣缴义务人对非居民企业未依法扣缴税款的，由扣缴义务人缴纳税款

D. 居民企业在中国境内设立不具有法人资格的营业机构，可在设立地缴纳企业所得税

【答案】A

【关键思路与解析】选项 A：境外营业机构的亏损不得抵减境内营业机构的盈利，但是境外营业机构的盈利可以弥补境内营业机构的亏损，因此选项 A 正确。选项 B：扣缴义务人每次扣缴的税款，应当自代扣之日起 7 日内缴入国库。选项 C：应当扣缴企业所得税的，扣缴义务人未依法扣缴或无法履行扣缴义务的，由纳税人到所得发生地申报缴纳企业所得税，选项 C 错误。选项 D：居民企业在中国境内设立不具有法人资格的营业机构应当汇总计算并缴纳企业所得税，选项 D 错误。

【例题 2　单选·2011 年真题】非居民企业拒绝代扣税款的，扣缴义务人应当暂停支付相当于非居民企业应纳税款的款项，并向其主管税务机关报告并报送书面情况说明的时限是（　　）日。

A. 1　　　　　　　　B. 3　　　　　　　　C. 5　　　　　　　　D. 7

【答案】A

【关键思路与解析】非居民企业拒绝代扣税款的，扣缴义务人应当暂停支付相当于非居民企业应纳税款的款项，并在 1 日内向其主管税务机关报告，并报送书面情况说明，故选 A。

-------------------------- **【考试套路总结】** --------------------------

本套路考核源泉扣缴的相关规定，源泉扣缴就是在支付给非居民企业相关费用时，付款人作为扣缴义务人。源泉扣缴相关规定中征收管理的内容特别容易考到，尤其要注意对特殊时间和规定的把握，这里总结一下里面的时间，见表 1-46。

表 1-46　　　　　　　　　　　　源泉扣缴时间总结情况

时间	具体内容
1 日	非居民企业拒绝代扣税款的，在 1 日内向其主管税务机关报告
7 日内	1. 扣缴义务人未依法扣缴或者无法履行扣缴义务的，非居民企业应于扣缴义务人支付或者到期应支付之日起 7 日内，到所得发生地主管税务机关申报缴纳企业所得税。（国家税务总局令第 19 号规定 15 日） 2. 扣缴义务人每次代扣的税款，应当自代扣之日起 7 日内缴入国库
15 日内	对多次付款的合同项目，扣缴义务人应当在履行合同最后一次付款前 15 日内，向主管税务机关报送合同全部付款明细、前期扣缴表和完税凭证等资料，办理扣缴税款清算手续
30 日内	扣缴义务人应当自合同签订之日起 30 日内，向其主管税务机关申报办理扣缴税款登记

考点十五
特别纳税调整
（重要性：★★）

一、特别纳税调整的概念

特别纳税调整是指企业与其关联方之间的业务往来，不符合独立交易原则而减少企业或者其关联方应纳税收入或者所得额的，税务机关有权按照合理方法调整。

二、同期资料管理

（一）同期资料

同期资料包括主体文档、本地文档和特殊事项文档。

（二）免于准备同期资料

1. 企业仅与境内关联方发生关联交易的，可以不准备主体文档、本地文档和特殊事项文档。

2. 企业执行预约定价安排的，可以不准备预约定价安排涉及关联交易的本地文档和特殊事项文档。

（三）其他规定

1. 主体文档应在企业集团最终控股企业会计年度终了之日起 12 个月内准备完毕；本地文档和特殊事项文档应当在关联交易发生年度次年 6 月 30 日之前准备完毕。同期资料应当自税务机关要求之日起 30 日内提供。

2. 同期资料应当使用中文，并标明引用信息资料的出处来源。

3. 同期资料应当加盖企业印章，并由法定代表人或者法定代表人授权的代表签章。

4. 同期资料应当自税务机关要求的准备完毕之日起保存 10 年。

5. 企业依照有关规定进行关联申报、提供同期资料及有关资料的，税务机关实施特别纳税调查补征税款时，可以依据规定，按照税款所属纳税年度中国人民银行公布的与补税期间同期的人民币贷款基准利率加收利息。

6. 企业因不可抗力无法按期提供同期资料的，应当在不可抗力消除后 30 日内提供同期资料。

7. 企业合并、分立的，应当由合并、分立后的企业保存同期资料。

三、转让定价方法管理

企业发生关联交易以及税务机关审核评估关联交易均应遵循独立交易原则，选用合理的转让定价方法（见表 1 – 47）。

表 1 – 47　　　　　　　　　转让定价方法定义及适用范围

方法	定义	适用范围
可比非受控价格法	以非关联方之间进行的与关联交易相同或类似业务活动所收取的价格作为关联交易公平成交价格	适用于所有类型的关联交易
再销售价格法	以关联方购进商品再销售给非关联方的价格减去可比非关联交易毛利后的金额作为关联方购进商品的公平成交价格 公平成交价格 = 再销售给非关联方的价格 ×（1 – 可比非关联交易毛利率） 可比非关联交易毛利率 = 可比非关联交易毛利/可比非关联交易收入净额 ×100%	通常适用于再销售者未对商品进行改变外型、性能、结构或更换商标等实质性增值加工的简单加工或单纯购销业务
成本加成法	以关联交易发生的合理成本加上可比非关联交易毛利作为关联交易的公平成交价格 公平成交价格 = 关联交易的合理成本 ×（1 + 可比非关联交易成本加成率） 可比非关联交易成本加成率 = 可比非关联交易毛利/可比非关联交易成本 ×100%	通常适用于有形资产的购销、转让和使用，劳务提供或资金融通的关联交易
交易净利润法	以可比非关联交易的利润率指标确定关联交易的净利润。利润率指标包括资产收益率、销售利润率、完全成本加成率、贝里比率	通常适用于有形资产的购销、转让和使用，劳务提供等关联交易以及无形资产的转让和使用
利润分割法	根据企业与其关联方对关联交易合并利润的贡献计算各自应该分配的利润额。利润分割法分为一般利润分割法和剩余利润分割法	通常适用于各参与方关联交易高度整合且难以单独评估各方交易结果的情况

四、转让定价调查及调整

（一）转让定价调查的企业选择

转让定价调查应重点选择以下企业：

1. 关联交易数额较大或类型较多的企业；
2. 长期亏损、微利或跳跃性盈利的企业；
3. 低于同行业利润水平的企业；
4. 利润水平与其所承担的功能风险明显不相匹配的企业；
5. 与避税港关联方发生业务往来的企业；
6. 未按规定进行关联申报或准备同期资料的企业；
7. 其他明显违背独立交易原则的企业。

（二）跟踪管理

税务机关对企业实施转让定价纳税调整后，应自企业被调整的最后年度的下一年度起5年内实施跟踪管理。在跟踪管理期内，企业应在跟踪年度的次年6月20日之前向税务机关提供跟踪年度的同期资料。

五、预约定价安排管理

1. 预约定价安排适用于主管税务机关向企业送达接收其谈签意向的《税务事项通知书》之日所属纳税年度起3~5个年度的关联交易。

2. 企业以前年度的关联交易与预约定价安排适用年度相同或者类似的，经企业申请，税务机关可以将预约定价安排确定的定价原则和计算方法追溯适用于以前年度该关联交易的评估和调整。追溯期最长为10年。

3. 预约定价安排一般适用于主管税务机关向企业送达接收其谈签意向的《税务事项通知书》之日所属纳税年度前3个年度每年度发生的关联交易金额4000万元人民币以上的企业。

六、成本分摊协议管理

（一）对于符合独立交易原则的成本分摊协议，应作出的税务处理

1. 企业按照协议分摊的成本，应在协议规定的各年度税前扣除；
2. 涉及补偿调整的，应在补偿调整的年度计入应纳税所得额；

3. 涉及无形资产的成本分摊协议，加入支付、退出补偿或终止协议时对协议成果分配的，应按资产购置或处置的有关规定处理。

（二）成本分摊协议的参与方对开发、受让的无形资产或参与的劳务活动享有受益权，并承担相应的活动成本。关联方承担的成本应与非关联方在可比条件下为获得上述受益权而支付的成本相一致。参与方使用成本分摊协议所开发或受让的无形资产不需另支付特许权使用费

（三）企业与其关联方签署成本分摊协议，有下列情形之一的，其自行分摊的成本不得税前扣除

1. 不具有合理商业目的和经济实质；

2. 不符合独立交易原则；

3. 没有遵循成本与收益配比原则；

4. 未按本办法有关规定备案或准备、保存和提供有关成本分摊协议的同期资料；

5. 自签署成本分摊协议之日起经营期限少于 20 年。

七、受控外国企业管理

1. 受控外国企业是指由居民企业，或者由居民企业和居民个人（以下统称中国居民股东，包括中国居民企业股东和中国居民个人股东）控制的设立在实际税负低于《企业所得税法》第四条第一款规定税率水平50%的国家（地区），并非出于合理经营需要对利润不作分配或减少分配的外国企业。

2. 中国居民企业股东能够提供资料证明其控制的外国企业满足以下条件之一的，可免予将外国企业不作分配或减少分配的利润视同股息分配额，计入中国居民企业股东的当期所得：

（1）设立在国家税务总局指定的非低税率国家（地区）；

（2）主要取得积极经营活动所得；

（3）年度利润总额低于 500 万元人民币。

八、一般反避税管理

税务机关按照《企业所得税法》规定，对企业作出的不具有合理商业目的而获取税收利益的避税安排，实施的特别纳税调整。

【解释】税收利益是指减少、免除或者推迟缴纳企业所得税应纳税额。

（一）避税安排具有的特征

1. 以获取税收利益为唯一目的或者主要目的；
2. 以形式符合税法规定、但与其经济实质不符的方式获取税收利益。

（二）不适用本办法的情况

1. 与跨境交易或者支付无关的安排；
2. 涉嫌逃避缴纳税款、逃避追缴欠税、骗税、抗税以及虚开发票等税收违法行为。

（三）调整方法

税务机关应当以具有合理商业目的和经济实质的类似安排为基准，按照<u>实质重于形式</u>的原则实施特别纳税调整。调整方法包括：

1. 对安排的全部或者部分交易<u>重新定性</u>；
2. 在税收上否定交易方的存在，或者将该交易方与其他交易方<u>视为同一实体</u>；
3. 对相关所得、扣除、税收优惠、境外税收抵免等重新定性或者在交易各方间<u>重新分配</u>；
4. 其他合理方法。

考试套路一

考核转让定价方法的定义及适用

【**例题1 单选·2011年真题**】甲企业销售一批货物给乙企业，该销售行为取得利润20万元；乙企业将该批货物销售给丙企业，取得利润200万元。税务机关经过调查后认定甲企业和乙企业之间存在关联交易，将200万元的利润按照6∶4的比例在甲和乙之间分配。该调整方法是（   ）。

A. 利润分割法

B. 再销售价格法

C. 交易净利润法

D. 可比非受控价格法

【**答案**】A

【**关键思路与解析**】利润分割法是指根据企业与其关联方对关联交易合并利润

的贡献计算各自应该分配的利润额。

【例题2　单选·2013年真题】 下列关于转让定价方法的说法，正确的是（　　）。

A. 可比非受控价格法可以适用所有类型的关联交易

B. 再销售价格法通常适用于资金融通的关联交易

C. 成本加成法通常适用于无形资产的购销、转让的关联交易

D. 交易净利润法通常适用于高度整合且难以单独评估的关联交易

【答案】 A

【关键思路与解析】 选项B：通常适用于再销售者未对商品进行改变外形、性能、结构或变更商标等实质性增值加工的简单加工或单纯购销业务；选项C：通常适用于有形资产的购销、转让和使用，劳务提供或资金融通的关联交易；选项D：通常适用于有形资产的购销、转让和使用，无形资产的转让和使用以及劳务提供等关联交易。

【套路-识坑避坑】 要清楚不同的转让定价方法的适用条件。

-------------------------- 【考试套路总结】 --------------------------

本套路考核转让定价方法的定义及适用。例如，可比非受控价格，从字面理解，可比就是可以比较；非受控价格，就是价格不受关联方影响，所以这个适用范围比较广，可以适用所有关联交易。再销售价格法，这里隐含了不能对商品有很大的改变，因为有很大的改变就无法比较了。成本加成法和交易净利润法适用条件差不多，只是无形资产的成本有时不是很容易确定，所以适用交易净利润法。利润分割法是在其他方法无法适用的情况下使用的。

考试套路二

对企业作出特别纳税调整的补缴税款加收利息计算

【例题　单选·2010年真题】 2016年5月10日，税务机关在检查某公司的纳税申报情况过程中，发现该公司2014年的业务存在关联交易，少缴纳企业所得税30万元。该公司于2016年6月1日补缴了该税款，并报送了2014年度关联企业业务往来报告表等相关资料。对该公司补缴税款应加收利息（　　）万元。（假设中国人民银行公布的同期人民币贷款年利率为5.5%）

A. 1. 22　　　　　B. 1. 65　　　　　C. 1. 89　　　　　D. 2. 34

【答案】B

【关键思路与解析】该企业属于按规定提供资料，所以，不适用加 5 个百分点计算补缴税额。应加收利息 = 30 × 5.5% ÷ 365 × 365 = 1.65（万元）

-------------------------------- 【考试套路总结】 --------------------------------

本套路考核对企业作出特别纳税调整的补缴税款加收利息计算，这里主要掌握以下两点：

第一，时间。自税款所属纳税年度的次年 6 月 1 日起至补缴（预缴）税款入库之日止；

第二，利息率。利息率 = 同期贷款基准利率 × 5%。

注：企业按照规定提供同期资料和其他相关资料的，或者企业符合规定免予准备同期资料但根据税务机关要求提供其他相关资料的：利息率 = 同期贷款基准利率。

个人所得税

本专题共有**6**个核心考点，**17**个考试套路，
赶紧将**套路GET到**！

（考点六）征收管理　（★）

个人所得税是以个人（自然人）取得的各项应税所得为征税对象所征收的一种税。共 11 类：工资、薪金所得；个体工商户、个人独资企业和合伙企业生产经营所得；劳务报酬所得；稿酬所得；特许权使用费所得；财产租赁所得；财产转让所得；利息、股息、红利所得；对企事业单位承包经营、承租经营所得；偶然所得；其他所得。

一、工资、薪金所得

个人因任职或者受雇而取得的工资、薪金、奖金、年终加薪、劳动分红、津贴、补贴以及与任职或者受雇有关的其他所得。

1. 工资、薪金所得属于非独立个人劳动所得，强调个人所从事的是他人指定、安排并接受管理的劳动、工作或服务于公司、工厂、行政、事业单位。

2. 年终加薪、劳动分红不分种类和取得情况一律按工资、薪金所得课税，津贴、补贴等则有例外。

3. 不征税项目包括：

（1）独生子女补贴；

（2）执行公务员工资制度未纳入基本工资总额的补贴、津贴差额和家属成员的副食品补贴；

（3）托儿补助费；

（4）差旅费津贴、误餐补助。

4. 退休人员再任职取得的收入，按"工资、薪金所得"项目征税。

5. 公司职工取得的用于购买企业国有股权的劳动分红，按"工资、薪金所得"项目计征个人所得税。

二、个体工商户、个人独资企业和合伙企业的生产、经营所得

1. 个体工商户从事工业、手工业、建筑业、交通运输业、商业、饮食业、服务业、修理业以及其他行业生产、经营取得的所得。

2. 个人经政府有关部门批准，取得执照，从事办学、医疗、咨询以及其他有偿服务活动取得的所得。

3. 个体工商户或个人专营种植业、养殖业、饲养业、捕捞业，不征收个人所得税。其经营项目不属于原农业税、牧业税征税范围的，应对其所得计征收个人所得税。

4. 个人从事彩票代销业务而取得所得，按本税目计算征税。

5. 个人独资企业和合伙企业投资者比照个体工商户纳税。其中合伙企业以每一个合伙人为纳税人。合伙企业生产经营所得和其他所得采取"先分后税"原则。

6. 个人独资企业、合伙企业的个人投资者以企业资金为本人、家庭成员及其相关人员支付与企业生产经营无关的消费性支出及购买汽车、住房等财产性支出，视为企业对个人投资者利润分配，并入投资者个人的生产经营所得，依照"个体工商户的生产经营所得"项目计征个人所得税。

7. 个体工商户和从事生产、经营的个人，取得与生产、经营活动无关的其他各项应税所得，应分别按照其他应税项目的有关规定，计算征收个人所得税。

8. 出租车问题（见表2-1）。

表2-1　　　　　　　　　　　　　出租车收入情况

具体行为	税目
出租车企业经营单位对出租车驾驶员采取单车承包或承租方式运营，出租车驾驶员从事客货营运取得的收入	工资薪金所得
个体出租车运营的出租车驾驶员取得的收入	个体工商户的生产经营所得
出租汽车经营单位将出租车所有权转移给驾驶员，出租车驾驶员从事客货营运取得的收入	个体工商户的生产经营所得

三、对企事业单位的承包经营、承租经营所得

对企事业单位的承包经营、承租经营所得，是指个人承包经营、承租经营以及转包、转租取得的所得，还包括个人按月或者按次取得的工资薪金所得。个人对企事业单位的承包经营、承租经营分为两类：

（一）个人对企事业单位承包、承租经营后，工商登记改变为个体工商户

个人对企事业单位承包、承租经营后，工商登记改变为个体工商户，按"<u>个体</u>

工商户的生产经营所得”征收个人所得税。

（二）个人对企事业单位承包、承租经营后，工商登记仍为企业的

个人对企事业单位承包、承租经营后，工商登记仍为企业的，不论其分配方式如何，均应先按企业所得税的有关：

1. 承包承租人对企业经营成果不拥有所有权，仅按合同（协议）规定取得一定所得的，按“工资薪金所得”项目征收个人所得税。

2. 承包承租人按合同（协议）规定只向发包方、出租人缴纳一定的费用，缴纳承包、承租费后的企业的经营成果归承包人、承租人所有的，其取得的所得，按“企事业单位的承包经营、承租经营所得”项目征收个人所得税。

四、劳动报酬所得

1. “劳务报酬所得”与“工资、薪金所得”的区别：

（1）非独立个人劳动（雇佣）：“工资、薪金所得”；

（2）独立个人劳动（非雇佣）：“劳务报酬所得”。

2. 董事费收入：

（1）个人担任公司董事监事且不在公司任职受雇的，按劳务报酬所得项目征税；

（2）个人在公司（包括关联公司）任职、受雇同时兼任董事、监事，按工资薪金征税（与个人工资合并）。

3. 在校学生因参与勤工俭学活动（包括参与学校组织的勤工俭学活动）应依法缴纳个人所得税。

4. 个人兼职取得的收入，按该项目征税。

5. 自2004年1月20日起，对商品营销活动中，企业和单位对营销业绩突出的非雇员以培训班、研讨会、工作考察等名义组织旅游活动，通过免收差旅费、旅游费对个人实行的营销业绩奖励，应根据所发生的费用全额作为该营销人员的当期劳务收入，按“劳务报酬所得”项目征收个人所得税。

五、稿酬所得

1. 以图书、报刊形式出版、发表取得的所得，包括文字、书画、摄影以及其他作品；包括作者去世后，财产继承人取得的遗作稿酬。

2. 对报刊、杂志、出版等单位的职员在本单位的刊物上发表作品、出版图书取

得所得征税问题。

（1）任职、受雇于报刊、杂志等单位的记者、编辑等专业人员，因在本单位的报刊、杂志上发表作品取得的所得，与其当月工资收入合并，按"工资、薪金所得"项目征税。

（2）出版社的专业作者撰写、编写或翻译的作品，由本社以图书形式出版而取得的稿费收入，按"稿酬所得"项目征税。

六、特许权使用费所得

个人提供专利权、商标权、著作权、非专利技术以及其他特许权的使用权取得的所得。

1. 提供著作权的使用权取得的所得，不包括稿酬所得。

2. 作者将自己的文字作品手稿原件或复印件公开拍卖（竞价）取得的所得按特许权使用费所得项目征收税。

3. 个人取得特许权的经济赔偿收入按"特许权使用费所得"项目纳税，税款由支付赔款的单位或个人代扣代缴。

4. 编剧从电视剧的制作单位取得的剧本使用费，按特许权使用费所得项目征税。

七、利息、股息、红利所得

1. 自 2008 年 10 月 9 日起，储蓄存款利息、个人银行结算账户利息所得暂免征收。

2. 集体所有制企业在改制为股份合作制企业时可以将有关资产量化给职工个人的个人所得税处理：

（1）对职工个人以股份形式取得的仅作为分红依据，不拥有所有权的企业量化资产不征。

（2）对职工个人以股份形式取得的拥有所有权的企业量化资产，暂缓征收；待个人将股份转让时，就其转让收入额，减除个人取得该股份时实际支付的费用支出和合理转让费用后的余额，按"财产转让所得"项目计征个人所得税。

（3）对职工个人以股份形式取得的企业量化资产参与企业分配而获得的股息、红利，应按"利息、股息、红利"项目征收个人所得税。

八、财产租赁所得

个人出租建筑物、土地使用权、机器设备、车船以及其他财产取得的所得。

1. 个人取得的财产转租收入属于"财产租赁所得"。

2. 房地产开发企业与商店购买者个人签订协议规定，房地产开发企业按优惠价格出售其开发的商店给购买者个人，但购买者个人在一定期限内必须将购买的商店无偿提供给房地产开发企业对外出租使用。对购买者个人少支出的购房价款视同"财产租赁所得"。每次财产租赁所得的收入额，按照少支出的购房价款和协议规定的租赁月份数平均计算确定。

九、财产转让所得

个人转让有价证券、股权、建筑物、土地使用权、机器设备、车船以及其他财产取得的所得。

1. （境内）上市公司股票转让所得：暂不征收个人所得税。

2. 个人转让自用5年以上并且是家庭唯一生活用房取得的所得免税。

3. 作者将自己的文字作品手稿原件或复印件拍卖取得的所得，按照"特许权使用费所得"项目缴纳个人所得税。个人拍卖除文字作品原稿及复印件外的其他财产，应按"财产转让所得"项目缴纳个人所得税。

十、偶然所得

个人得奖、中奖、中彩以及其他偶然性质的所得。

1. 购买社会福利有奖募捐奖券一次中奖不超过1万元的，暂免征税，超过1万元的全额征税。

2. 累计消费达到一定额度的顾客给予额外抽奖机会的获奖所得属于偶然所得。

十一、其他所得

1. 超过国家利率支付给储户的揽储奖金，应按"其他所得"项目征税。

2. 房屋产权所有人将房屋产权无偿赠与他人的，受赠人因无偿受赠房屋取得的受赠所得，按照"其他所得"项目缴纳个人所得税。

房屋产权无偿赠与对当事双方不征收个人所得税情形：

（1）房屋产权所有人将房屋产权无偿赠与配偶、父母、子女、祖父母、外祖父母、孙子女、外孙子女、兄弟姐妹；

（2）房屋产权所有人将房屋产权无偿赠与对其承担直接抚养或者赡养义务的抚养人或者赡养人；

（3）房屋产权所有人死亡，依法取得房屋产权的法定继承人、遗嘱继承人或者受遗赠人。

考试套路一

考核个体工商户的生产、经营所得扣除项目

【例题　多选·2016 年真题】下列支出，允许从个体工商户生产经营收入中扣除的有（　　）。

A. 代扣代缴的个人所得税税额

B. 参加财产保险支付的保险费

C. 个体工商户从业人员的实发工资

D. 货物出口过程中发生的汇兑损失

E. 为特殊工种从业人员支付的人身安全保险费

【答案】BCDE

【关键思路与解析】代扣代缴的个人所得税税额只是履行代扣代缴义务，本身并不是生产经营的成本，费用，所以不得扣除，故不选 A；个体工商户参加财产保险支付的保险费，准予扣除，故选项 B 正确；个体工商户实际支付给从业人员的、合理的工资薪金支出，准予扣除，故选项 C 正确；货物出口过程中发生的汇兑损失，准予扣除，故选项 D 正确；为特殊工种从业人员支付的人身安全保险费，准予扣除，故选项 E 正确。

-------------------- 【考试套路总结】 --------------------

本套路考核个体工商户的生产、经营所得的扣除项目，通过表格记忆其中的关键词来解题，具体见表 2 - 2。

表 2 - 2　　　　　　　　个体工商户税前可扣除和不可扣除项目

项目	具体内容
可扣除	生产经营相关费用；工资、薪金（不包括业主本人）；定额（3500/月）；五险一金；研发费用，10 万以下——测试仪器、实验性装置
不得扣除	个人所得税款、滞纳金；罚金、罚款和被没收财物的损失；不符合扣除规定的捐赠支出；非广告性赞助支出；用于个人和家庭的支出；与生产经营无关的其他支出；国家税务总局规定不准扣除的支出

个体工商户的税前扣除项目跟企业所得税可以联系起来，不可扣除的项目都比较相似，如非广告赞助性支出，增值税款、个人所得税款，超过规定比例的捐赠支出等。在辨别可扣除和不可扣除的项目时，可以根据原理来区分。例如，可扣除的项目一般都是跟生产经营相关的，合理的，有助于提高经营活动效率；而不可扣除的项目一般是与经营活动无关，国家不鼓励的支出和费用，所以不允许税前扣除。

考试套路二

考核劳务报酬所得与工资、薪金所得的甄别

【例题1　单选·2010 年真题】根据个人所得税相关规定，下列收入中，按"劳务报酬所得"纳税的是（　　）。

A. 来源于非任职公司的董事费收入

B. 退休人员再任职取得的收入

C. 担任任职公司的关联企业的监事取得的监事费收入

D. 在任职公司担任监事的监事费收入

【答案】A

【关键思路与解析】个人担任公司董事、监事，且不在公司任职、受雇，取得的董事费、监事费按"劳务报酬所得"项目计算征收个人所得税，故选 A；个人在公司（包括关联公司）任职、受雇，同时兼任董事、监事的，应将董事费、监事费与个人工资收入合并，统一按"工资、薪金所得"项目缴纳个人所得税。

【例题2　单选·2013 年真题】下列所得，不属于个人所得税"工资薪金所得"应税项目的是（　　）。

A. 个人兼职取得的所得

B. 退休人员再任职取得的所得

C. 任职于杂志社的记者在本单位杂志上发表作品取得的所得

D. 个人在公司任职并兼任董事取得的董事费所得

【答案】A

【关键思路与解析】选项 A：应按"劳务报酬所得"税目计算个人所得税。

-------- 【考试套路总结】 --------

本套路考核劳务报酬所得与工资、薪金所得的甄别，跳出此套路要从根本上

清楚劳动报酬与工资薪金的区别，①非独立个人劳动（雇佣）：工资、薪金所得；②独立个人劳动（非雇佣）：劳务报酬所得。另外，董事费收入和非货币性营销业绩奖励经常会考到，解答相应题目时需要特别注意区别，具体见表2-3。

表2-3　　　　　　　　　　劳务报酬所得与工资、薪金所得的甄别

	劳务报酬所得	工资、薪金所得
董事费收入	个人担任公司董事监事且不在公司任职受雇的	个人在公司（包括关联公司）任职、受雇的同时兼任董事、监事
非货币性营销业绩奖励	非雇员	雇员

考试套路三

考核稿酬所得的范围及一些规定

【例题1　多选·2012年真题】下列所得中，应按照"稿酬所得"缴纳个人所得税的有（　　）。

A. 书法家为企业题字获得的报酬

B. 杂志社记者在本社杂志发表文章获得的报酬

C. 电视剧制作中心的编剧编写剧本获得的报酬

D. 出版社的专业作者翻译的小说由该出版社出版获得的报酬

E. 报社印刷车间工作人员在该社报纸发表作品获得的报酬

【答案】DE

【关键思路与解析】书法家为企业题字获得的报酬按劳务报酬所得缴纳个人所得税，故选项A不选；杂志社记者在本社杂志发表文章获得的报酬按工资薪金所得缴纳个人所得税，故选项B不选；电视剧制作中心的编剧编写剧本获得的报酬按特许权使用费所得缴纳个人所得税，故选项C不选。

【例题2　多选·2013年真题】下列说法，符合个人所得税稿酬所得相关规定的有（　　）。

A. 小说连载的，以一个月内取得的稿酬为一次

B. 编剧从电视剧制作单位取得的剧本使用费属于稿酬所得

C. 杂志社员工在本单位杂志上发表作品取得的报酬属于稿酬所得

D. 专业作者翻译的作品以图书形式出版取得的报酬属于稿酬所得

E. 出版同一作品分笔取得的稿酬应合并为一次征税

【答案】DE

【关键思路与解析】选项 A：同一作品在报刊上连载取得收入的，以连载完成后取得的所有收入合并为一次、计征个人所得税；选项 B：编剧从电视剧的制作单位取得的剧本使用费，按照"特许权使用费所得"项目计征个人所得税；选项 C：任职、受雇于报纸、杂志等单位的记者、编辑等专业人员，因在本单位的报纸、杂志上发表作品取得的所得，应按"工资、薪金所得"项目征收个人所得税。除上述专业人员以外的其他人员，在本单位的报纸、杂志上发表作品取得的所得，按照"稿酬所得"项目征收个人所得税。

------- 【考试套路总结】 -------

稿酬的应纳税额确定比较复杂，在涉及"连载""再版"等关键词时容易混淆，可以通过下表分解记忆，稿酬所得的征税规定见表 2-4。

表 2-4　　　　　　　　稿酬所得的征税规定

事件	类型	计税
独立事件	1. 再版；2. 先连载、再出版	2 次计税
非独立事件	1. 连载；2. 预付稿费、分次支付；3. 添加印数	1 次计税

【解释】所谓独立事件，是指每一次都可以单独计算酬劳的，两件事物可以独自存在。例如，《捉妖记1》和《捉妖记2》是两部单独的电影，上映时间不同，那么我们去看这两部电影时，是不是需要分别买票呢？所谓非独立事件，是指两件事物无法独立存在。例如，我们的税务师课程，从 6 月开始持续更新，直到整个课程完成才算结束，其间录制的课程都是无法独立存在的，就相当于连载。

考试套路四

考核哪些情形属于利息、股息、红利所得

【例题　多选·2010 年真题】下列情形中，按"利息、股息、红利所得"缴纳个人所得税的有（　　）。

A. 个人独资企业为个人投资者购买汽车并将汽车所有权登记到个人名下

B. 个人独资企业和合伙企业对外投资分回的利息、股息、红利

　　C. 股份有限公司为投资者家庭成员购买的房产

　　D. 个人从任职的上市公司取得的股票增值权所得和限制性股票所得

　　E. 集体所有制企业在改制为股份合作制企业时，对职工个人以股份形式取得的不拥有所有权的企业量化资产

【答案】BC

【关键思路与解析】选项A：个人独资企业、合伙企业的个人投资者以企业资金为本人、家庭成员及其相关人员支付与企业生产经营无关的消费性支出及购买汽车、住房等财产性支出，视为企业对个人投资者利润分配，并入投资者个人的生产经营所得，依照"个体工商户的生产、经营所得"项目计征个人所得税。选项B：个人独资企业和合伙企业对外投资分回的利息或者股息、红利，不并入企业的收入，而应单独作为投资者个人取得的利息、股息、红利所得，按"利息、股息、红利所得"应税项目计算缴纳个人所得税。选项C：除个人独资企业、合伙企业以外的其他企业的个人投资者，以企业资金为本人、家庭成员及其相关人员支付与企业生产经营无关的消费性支出及购买汽车、住房等财产性支出，视为企业对个人投资者的红利分配，依照"利息、股息、红利所得"项目计征个人所得税。选项D：个人从任职的上市公司取得的股票增值权所得和限制性股票所得，按照"工资、薪金所得"项目缴纳个人所得税。选项E：对职工个人以股份形式取得的仅作为分红依据不拥有所有权的企业量化资产，不征收个人所得税。

-------------------------------- 【考试套路总结】 --------------------------------

　　本套路考核哪些情形是利息、股息、红利所得，掌握本套路要知道一些应当计入"利息、股息、红利"的特殊项目：

　　1. 企业（个人独资企业、合伙企业除外）为股东购买的车辆并登记在股东名下，但允许合理减除部分所得除外，具体情况按考题分析。

　　2. 企业投资者个人向其投资企业（个人独资企业、合伙企业除外）借款用于他用，且年度终了后未归还。

　　3. 个人股东获得转增的股本。

　　股息、红利可以结合偶然所得和其他所得记忆，这三项都是没有减征规定的，直接乘以税率（20%）。关于特殊项目，即凡用于股东个人的、没有为企业的生产经营带来任何利益的，都要作为"利息、股息、红利所得"项目征税。

考试套路五

考核偶然所得和其他所得项目

【例题1 多选·2012年真题】下列各项所得，应按照"其他所得"缴纳个人所得税的有（   ）。

A. 个人接受好友无偿赠与房产的所得

B. 个人获得由银行支付的超过国家利率的揽储奖金

C. 个人在广告设计和发布过程中提供名义和形象取得的所得

D. 个人转让专利权过程中获得的违约金

E. 企业对累积消费达到一定额度的顾客给予额外抽奖机会，个人的获奖所得

【答案】AB

【关键思路与解析】个人在广告设计和发布过程中提供名义和形象取得的所得按劳务报酬所得缴纳个人所得税，故选项C不选；个人转让专利权过程中获得的违约金按特许权使用费所得缴纳个人所得税，故选项D不选；企业对累积消费达到一定额度的顾客给予额外抽奖机会，个人的获奖所得按偶然所得缴纳个人所得税，故选项E不选。

【套路－识坑避坑】有三种情形的房屋产权无偿赠与，不征收个人所得税，要清楚。

【例题2 多选·2015年真题】下列各项应按照"偶然所得"缴纳个人所得税的有（   ）。

A. 宋某取得银行依据国家利率支付的储蓄存款利息

B. 方某获得友人赠送的价值30万元的房产所得

C. 丁某以10万元的价格获得祖父转让给他的公允价值为50万元的股权

D. 雷某在某超市消费后获得额外抽奖机会，抽中手机一部

E. 于某购买福利彩票的中奖奖金

【答案】DE

【关键思路与解析】宋某取得银行依据国家利率支付的储蓄存款利息属于利息、股息、红利所得，但有免税的优惠，并非偶然所得，故选项A不选；方某获得友人赠送的价值30万元的房产所得属于其他所得，故选项B不选；丁某以10万元的价格获得祖父转让给他的公允价值为50万元的股权属于财产转让所得。但继承或将股

权转让给其能提供具有法律效力身份关系证明的配偶、父母、子女、祖父母、外祖父母、孙子女、外孙子女、兄弟姐妹以及对转让人承担直接抚养或者赡养义务的抚养人或者赡养人，股权转让收入明显偏低可视为有正当理由，可不缴纳个人所得税，故选项 C 不选。

【**套路–识坑避坑**】个人的获奖所得按"偶然所得"缴纳个人所得税。

-------------------------------- 【**考试套路总结**】--------------------------------

偶然所得是指个人得奖、中奖等偶然情况下的所得，个人因参加企业的有奖销售活动而取得的赠品所得。因为个人没有付出相应的劳动，所以国家就要根据所获物品的价值收取相应的税金。但有一个特例：对因累计消费达到一定额度的客户而给予其额外抽奖机会，其所获得的奖品应被计入"偶然所得"。要区别于累计积分达到一定额度按积分反馈礼品的情况，这种情况的本质是只要达到固定额度的积分，就一定会有相应的礼品，所以礼品和积分存在必然性，因此这种情况不征税。

其他所得是指个人提供担保所得，业务宣传、广告等活动赠送礼品，企业以外个人因此取得礼品所得；年会、座谈会、庆典等活动，企业以外个人取得礼品所得。其他所得和偶然所得的处理相同。

通过价格折扣、折让销售商品和提供服务，销售商品、提供服务的同时给予赠品，累计积分达到一定额度按积分反馈礼品，以上三种情况不征税。原因在于虽然我取得了赠品、礼品，但是取得这项所得的前提是我已经购买了相关的产品或者服务，所以可以理解为我先付出了相应的代价才获得了额外的赠品、礼品。偶然所得应缴纳的个人所得税税款，一律由发奖单位或机构代扣代缴。

考点二
纳税人
（重要性：★）

一、纳税义务人

纳税义务人包括中国公民、个体工商业户（个人独资企业、合伙企业投资者）

在中国有所得的外籍人员（包括无国籍人员）和香港、澳门、台湾同胞。

纳税义务人依据住所和居住时间两个标准，区分为居民和非居民。

二、纳税义务人及其纳税义务范围划分

表2−5   纳税义务人及其纳税义务范围

纳税人	定义	纳税义务范围
居民纳税义务人	有住所或无住所居住满1年的个人：其所取得的应纳税所得，无论是来源于中国境内还是中国境外，都要在中国缴纳个人所得税	（1）在中国境内有住所的个人，是指因户籍、家庭、经济利益关系，而在中国境内习惯性居住的个人。 （2）所谓在境内居住满1年，是指在一个纳税年度（即公历1月1日起至12月31日止，下同）内，在中国境内居住满365日。在一个纳税年度内，一次不超过30日或者多次累计不超过90日的离境不扣减其在华居住的天数
非居民纳税义务人	无住所不居住或无住所居住不满1年：仅就其来源于中国境内的所得，向中国缴纳个人所得税	（1）判定纳税义务及计算在中国境内居住的天数：个人入境、离境、往返或多次往返境内外的当日，均按一天计算其在华实际逗留天数。 （2）对个人入、离境当日及计算在中国境内实际工作期间：入境、离境、往返或多次往返境内外的当日，均按半天计算在华实际工作天数

三、在中国境内无住所的个人所得的征税问题

表2−6   中国境内无住所的个人所得的征税情况

	居住时间	纳税人性质	境内所得		境外所得	
			境内支付	境外支付	境内支付	境外支付
1	90（183）天之内	非居民	√	×	×	×
2	90（183）天~1年	非居民	√	√	×	×
3	1~5年	居民	√	√	√	×
4	5年以上	居民	√	√	√	√

【注意】居住时间5年以上，从第6年起以后的各年度中，凡在境内居住满1年的，应当就其来源于境内、境外的所得申报纳税；凡在境内居住不满1年的，仅就其该年内来源于境内的所得申报纳税。如该个人从第6年起以后的某一个纳税年度

在境内居住不足 90 日，其来源于中国境内的机构、场所负担的部分，免于缴纳个人所得税，并从再次居住满 1 年度起计算 5 年期限。

四、所得来源的确定

下列所得，不论支付地点是否在中国境内，均为来源于中国境内的所得。

1. 在中国境内任职、受雇而取得的工资、薪金所得；

2. 在中国境内从事生产、经营活动而取得的生产、经营所得；

3. 因任职、受雇、履约等而在中国境内提供劳务取得的所得；

4. 将财产出租给承租人在中国境内使用而取得的所得；

5. 转让中国境内的建筑物、土地使用权等财产以及在中国境内转让其他财产取得的所得；

6. 提供各种特许权在中国境内使用而取得的所得；

7. 从中国境内的公司、企业以及其他经济组织或者个人取得的利息、股息、红利所得。

五、扣缴义务人

我国个人所得税实行代扣代缴和个人申报纳税相结合的征收管理制度。除"个体工商户的生产、经营所得"税目外，扣缴义务人在向纳税人支付各项应纳税所得时，履行代扣代缴义务。

考试套路一

考核在中国境内无住所的个人所得的计算依据

【例题 1　单选·2009 年真题】琼斯为外籍个人，在中国境内无住所，同时在中国境内、境外机构担任职务，2008 年 3 月 6 日来华，12 月 20 日离开。这期间琼斯因工作原因，曾于 6 月 8 日离境，6 月 14 日返回。在计算个人所得税时，琼斯在中国境内实际工作天数为（　　）天。

A. 282　　　　　　B. 283　　　　　　C. 284　　　　　　D. 285

【答案】B

【关键思路与解析】3 月 6 日、6 月 8 日、6 月 14 日和 12 月 20 日，均按半天计算在华实际工作天数。中国境内实际工作天数 = 25.5 + 30 + 31 + （7.5 + 16.5） + 31 + 31 + 30 + 31 + 30 + 19.5 = 283 （天）

【例题2　单选·2010年真题】根据个人所得税相关规定，在中国境内无住所但居住满5年的个人，对其第6年来源于境内外的所得，下列税务处理中，正确的是（　　）。

A. 应就其来源于中国境内、境外的所得缴纳个人所得税

B. 凡在境内居住满1年的，应当就其来源于境内、境外的所得缴纳个人所得税

C. 个人在临时离境工作期间的工资、薪金所得，仅就由中国境内的企业或个人雇主支付的部分缴纳个人所得税

D. 在境内居住不超过90天，其来源于中国境内的所得，由境外雇主支付并且不由该雇主在中国境内的机构、场所负担的部分，应全额缴纳个人所得税

【答案】B

【关键思路与解析】选项A：在中国境内无住所但在境内居住满5年的个人，从第6年起以后的各年度中，凡在境内居住满1年的，应当就其来源于境内、境外的所得申报纳税；凡在境内居住不满1年的，仅就其该年内来源于境内的所得申报纳税。选项C：临时离境，不扣减在华天数，仍按居住满1年计算。选项D：在境内居住不足90天，其来源于境内的所得，由境外雇主支付并且不由境内负担的部分免税。

-------------------------------- 【考试套路总结】 --------------------------------

掌握本套路在于清楚，无住所的个人可能是居民纳税人，也可能是非居民纳税人，取决于其在中国的居住时间，对其工资、薪金征税时首先要判定纳税人身份，以确定纳税义务。

居民纳税人与非居民纳税人的判断见表2-7。

表2-7　　　　　　　　　居民纳税人与非居民纳税人的判断

居住时间	纳税人性质	境内所得		境外所得	
		境内支付	境外支付	境内支付	境外支付
90日（183日）以内	非居民	√	免税	×	×
90日（183日）~1年	非居民	√	√	×	×
1~5年	居民	√	√	√	免税
5年以上	居民	从第6年起重新计算居住时间、判定身份			

【提示】183天是与我国有税收协定的情况，除此之外是90天。

掌握这一套路还在于关注非居民纳税人的应纳税额的计算方法，具体见表2-8。

表 2 - 8　　　　　　　　　　　非居民纳税人应纳税额的计算

居住时间	税额计算公式
90 日（183 日）以内	应纳税额＝（当月境内外工资、薪金应纳税所得额×适用税率－速算扣除数）×当月<u>境内</u>支付工资÷当月<u>境内外</u>支付工资总额×当月境内工作天数÷当月天数
90 日（183 日）～1 年	应纳税额＝（当月境内外工资、薪金应纳税所得额×适用税率－速算扣除数）×当月<u>境内</u>工作天数÷当月天数
1～5 年	应纳税额＝（当月境内外工资、薪金应纳税所得额×适用税率－速算扣除数）×（1－当月<u>境外</u>支付工资÷当月<u>境内外</u>支付工资总额×当月<u>境外</u>工作天数÷当月天数）

关于非居民纳税人应按税额计算的公式比较复杂，可以适当分解简化，剔除相同的部分，着重记忆不同的部分，具体分析如下。

三种情况的应纳税额计算方式。

<u>相同处</u>：（当月境内外工资、薪金应纳税所得额×适用税率－速算扣除数）×

① $\dfrac{当月境内支付工资}{当月境内外支付工资总额}$ × $\dfrac{当月境内工作天数}{当月天数}$　　　90 日（183 日）以内

　　　境内工资占比　　　　　　境内时间占比

② $\dfrac{当月境内工作天数}{当月天数}$　　　　　　　　　　　90 日（183 日）～1 年

③ $1 - \dfrac{当月境外支付工资}{当月境内外支付工资总额}$ × $\dfrac{当月境外工作天数}{当月天数}$　　1～5 年

　　　境内工资占比　　　　　　境外时间占比

【总结】<u>90 日（183 日）以内</u>：只有境内支付的所得需要纳税，所以是两个比率的乘积；<u>90 日（183 日）～1 年</u>：属于境内任职所得，无论支付主体是境内还是境外，都需纳税，所以只看时间；<u>1～5 年</u>：属于境外支付的境外所得不纳税，其余都应纳税，因此是减去境外支付工资，其实可以简单记忆为把第一个公式的<u>境内</u>都换成<u>境外</u>（替换记忆法），然后<u>1 减去它们的乘积</u>，这样就相当于记住一个公式，同时记住两个内容。

考试套路二

考核非居民纳税人所得来源地的确定

【例题 1　多选·2009 年真题】非居民纳税人（外籍个人）的下列收入中，应在中国按规定计算缴纳个人所得税的有（　　　）。

A. 在中国境内任职取得的工资、薪金收入

B. 出租境外房屋而取得的收入

C. 从我国境内的外商投资企业取得的红利收入

D. 因履行合约而在中国境外提供各种劳务取得的报酬

E. 将专利权转让给中国境内企业使用而取得的特许权使用费收入

【答案】AE

【关键思路与解析】选项 B：出租境外房屋而取得的收入，房屋不在中国境内，不在中国缴纳个人所得税；选项 C：从我国境内的外商投资企业取得的红利收入暂免征收个人所得税；选项 D：因履行合约而在中国境外提供各种劳务取得的报酬，劳务发生在境外，不在中国缴纳个人所得税。

【例题 2　单选·2014 年注会税法真题改编】某外籍个人受某外国公司委派于 2013 年 8 月开始赴中国担任其驻华代表处首席代表，截至 2013 年 12 月 31 日未离开中国。该外籍个人 2013 年取得的下列所得中，不属于来源于中国境内所得的有（　　　）。

A. 9 月出席境内某经济论坛做主题发言取得的收入

B. 因在中国任职而取得的由境外总公司发放的工资收入

C. 10 月将其拥有的境外房产出租给中国一公司驻该国常设机构取得的租金收入

D. 11 月将其拥有的专利技术许可一境外公司在大陆的分支机构使用取得的收入

【答案】C

【关键思路与解析】因任职、受雇、履约等而在中国境内提供劳务取得的所得，不论支付地点是否在中国境内，均为来源于中国境内的所得；在中国境内无住所，居住 90 天以上一年以下的个人，无论境内支付还是境外支付的来源于境内的所得都需要缴纳个人所得税；转让境外的不动产取得的所得，不属于来源于中国境内的所得；将财产出租给承租人在中国境内使用而取得的所得，不论支付地点是否在中国境内，均为来源于中国境内的所得。

------------------------------ 【考试套路总结】 ------------------------------

这个套路是要掌握来源于中国境内的所得，这样其他的就是境外所得了，具体见表 2 - 9。

表 2 – 9　　　　　　　　　　　来源于中国境内的所得内容

序号	具体内容（注意划线部分）
1	在<u>中国境内</u>任职、受雇而取得的工资、薪金所得
2	在<u>中国境内</u>从事生产、经营活动而取得的生产经营所得
3	因任职、受雇、履约等而在<u>中国境内</u>提供各种劳务取得的劳务报酬所得
4	将财产出租给承租人在<u>中国境内</u>使用而取得的所得
5	转让<u>中国境内</u>的建筑物、土地使用权等财产，以及在中国境内转让其他财产取得的所得
6	提供专利权、非专利技术、商标权、著作权，以及其他特许权在<u>中国境内</u>使用的所得
7	因持有<u>中国</u>的各种债券、股票、股权取得的利息、股息、红利所得

考点三
减免税优惠
（重要性：★★★）

为了鼓励科学发明，支持社会福利、慈善事业和照顾某些纳税人的实际困难，个人所得税法对有关所得项目，有免税、减税的优惠规定。

一、免税项目

1. 省级人民政府、国务院部委和中国人民解放军军以上单位，以及外国组织颁发的科学、教育、技术、文化、卫生、体育、环境保护等方面的奖金。

2. 国债和国家发行的金融债券利息。

3. 个人取得的教育储蓄存款利息。

4. 按照国务院规定发给的政府特殊津贴和国务院规定免纳个人所得税的补贴、津贴。

5. 福利费（生活补助费）、抚恤金、救济金（生活困难补助费）。

6. 保险赔款。

7. 军人的转业费、复员费。

8. 按照国家统一规定发给干部、职工的安家费、退职费、退休工资、离休工资、离休生活补助费。

9. 依照我国有关法律规定应予免税的各国驻华使馆、领事馆的外交代表、领事官员和其他人员的所得。

10. 中国政府参加的国际公约、签订的协议中规定免税的所得。

11. 经国务院财政部门批准免税的所得。

二、减税项目

1. 残疾、孤老、烈属的所得。

2. 严重自然灾害造成重大损失的。

3. 其他经国务院财政部门批准减税的。

三、暂免征税项目

1. 外籍个人以非现金形式或实报实销形式取得的住房补贴、伙食补贴、搬迁费、洗衣费。

2. 外籍个人按合理标准取得的境内、境外出差补贴。

3. 外籍个人取得的探亲费、语言训练费、子女教育费等，经当地税务机关审核批准为合理的部分。

4. 外籍个人从外商投资企业取得的股息、红利所得。

5. 凡符合条件的外籍专家取得的工资、薪金所得，可免征个人所得税。

6. 个人举报、协查各种违法、犯罪行为而获得的奖金。

7. 个人办理代扣代缴手续，按规定取得的扣缴手续费。

8. 个人转让自用达 5 年以上并且是唯一的家庭生活用房取得的所得。

9. 对个人购买福利彩票、赈灾彩票、体育彩票，一次中奖收入在 1 万元以下的（含 1 万元）暂免征收个人所得税，超过 1 万元的，全额征收个人所得税。

10. 达到离休、退休年龄，但确因工作需要，适当延长离休、退休年龄的高级专家，其在延长离休、退休期间的工资、薪金所得，视同离休、退休工资免征个人所得税。

11. 城镇企业事业单位及其职工个人按照《失业保险条例》规定的比例，实际缴付的失业保险费，均不计入职工个人当期的工资、薪金收入，免予征收个人所得税。

12. 个人领取原提存的住房公积金、医疗保险金、基本养老保险金，以及具备《失业保险条例》规定条件的失业人员领取的失业保险金，免予征收个人所得税。

13. 生育妇女按照县级以上人民政府根据国家制定的生育保险办法，取得的生育津贴、生育医疗费或者其他属于生育保险性质的津贴、补贴，免征个人所得税。

14. 对符合地方政府规定条件的低收入住房保障家庭从地方政府领取的住房租赁补贴，免征个人所得税。

15. 沪港股票市场交易互联互通机制试点有关政策（具体见表 2 - 10）。

表 2 - 10　　　　　　　　　　沪港通投资人分类处理情况

针对主体	投资渠道	税务处理
内地个人投资者	通过沪港通投资香港联交所上市股票	取得转让差价，暂免征收
		投资 H 股股息红利，按 20% 代扣个税
		投资非 H 股股息红利，按 20% 代扣个税
		在国外已缴纳的预提税，可凭有效凭证申请税收抵免
香港市场投资者	投资上交所上市 A 股	取得转让差价，暂免征收
		取得股息红利所得，不具备向中国结算提供投资者身份及持股时间等明细数据的条件之前，暂不执行差别化征税政策，按 10% 税率代扣所得税
		属于其他国家税收居民且其所在国与中国签订税收协定规定股息、红利所得税率低于 10%，可以享受税收协定待遇申请，即可按已征税款和税收协定的税率计算应纳税款的差额予以退税

16. 为支持鲁甸地震灾后恢复重建工作，对受灾地区个人接受捐赠的款项、取得的各级政府发放的救灾款项，以及参与抗震救灾的一线人员，按照地方各级人民政府及其部门规定标准取得的与抗震救灾有关的补贴收入，免征个人所得税。

考试套路一

考核哪些所得属于免税项目

【例题　单选·2013 年真题改编】下列各项所得，免征个人所得税的是（　　）。

A. 个人的房屋租赁所得

B. 保险赔款

C. 外籍个人取得的现金住房补贴所得

D. 个人因任职从上市公司取得的股票增值权所得

【答案】B

【关键思路与解析】个人获得保险赔款免征个人所得税，故选项 B 正确，A、C、D 均需征收个人所得税。

----------------------------- 【考试套路总结】 -----------------------------

本套路考核哪些所得属于免税项目，具体理解免税项目和记忆口诀见表 2 - 11。

表 2 - 11 税收优惠规定

分类	具体项目	口诀
带"国"字或者与外交相关的都是免税	1. 国债利息、国家发行的金融债券利息、地方政府债券利息； 2. 按国家统一规定发给的补贴、津贴； 3. 驻华使馆、领事馆的人员免税； 4. 政府或够条件的机构发放的见义勇为奖金； 5. 外籍个人以非现金形式或实报实销形式取得的 3 项收入； （衣—洗衣费，食—伙食补贴，住—住房补贴，行—出差补贴、搬迁费、探亲费，育—语言训练费、子女教育费） 【记忆口诀】衣食住行育。 6. 外籍个人从外商投资企业取得的股息、红利所得	国债国金和政府 债券利息津贴补 使馆领事都免税 外国个人也占份 见义勇为怎能无
国家福利补贴	1. 五险一金； 2. 福利费、抚恤金、救济金； 3. 军人的转业费、复员费； 4. 离退休工资； 5. 转让5 年唯一家庭住房； 6. 保险赔款	五险一金必扣除 福利抚恤救济金 军人转业复员费 五年唯一家庭房 保险赔偿退休亡

考试套路二

考核残疾人员可以申请减征个人所得税的项目

【例题 多选·2010 年真题】根据个人所得税相关规定，下列残疾人员的所得中，经本人申请、主管税务机关审核批准可按各省、自治区、直辖市人民政府规定减征的范围和幅度，减征个人所得税的有（   ）。

A. 工资、薪金所得

B. 对企事业单位的承包和承租经营所得

C. 特许权使用费所得

D. 对外投资分回的股息、红利所得

E. 财产转让所得

【答案】ABC

【**关键思路与解析**】残疾人员的下列所得项目可以申请减征个人所得税：工资、薪金所得；个体工商户的生产、经营所得；对企事业单位的承包经营、承租经营所得；劳务报酬所得；稿酬所得；特许权使用费所得。故选项 A、B、C 正确。

------------------------------ 【**考试套路总结**】 ------------------------------

本套路考核残疾人员可以申请减征个人所得税的项目，可以这样理解：可申请减征的一般为劳动所得，单独记忆特许权使用费；不可申请减征的一般为非劳动所得。具体指如下内容：

残疾人员的下列所得项目可以申请减征个人所得税（个人所得税前六项）：工资、薪金所得；个体工商户的生产、经营所得；对企事业单位的承包经营、承租经营所得；劳务报酬所得；稿酬所得；特许权使用费所得。

残疾人员的下列所得项目不可以申请减征个人所得税（后五项）：利息、股息、红利所得；财产租赁所得；财产转让所得；偶然所得；其他所得。

考点四
应纳税额的计算
（重要性：★★★）

由于个人所得税采取分项计税的办法，每项个人收入的扣除范围和扣除标准不尽相同，应纳所得税额的计算方法存在差异，下面具体介绍不同个人收入的应纳税所得额的确定和应纳所得税额的计算方法的考试套路。

一、工资、薪金所得的计税方法

工资薪金所得实行按月计征的办法。计算公式：

$$应纳税额 = 应纳税所得额 × 适用税率 - 速算扣除数$$
$$= （每月收入额 - 3500 元或 4800 元）× 适用税率 - 速算扣除数$$

1. 附加减除费用金额

一般扣除费用为3500 元；附加扣除费用为1300 元。

附加减除费用适用范围：在中国获得工资、薪金所得的外籍人员，含港澳台同胞。

2. 雇佣和派遣单位分别支付工资、薪金的费用扣除

（1）在外商投资企业、外国企业和外国驻华机构工作的中方人员取得的工资、薪金收入，凡是由雇佣单位和派遣单位分别支付的，只由雇佣单位在支付工资、薪金时按税法规定减除费用，计算扣缴个人所得税；派遣单位支付的工资、薪金不再减除费用，以支付金额直接确定适用税率，计算扣缴个人所得税。

（2）纳税义务人，应持两处支付单位提供的原始明细工资、薪金单（书）和完税凭证原件，选择并固定到一地税务机关申报每月工资、薪金收入，汇算清缴其工资、薪金收入的个人所得税，多退少补。

（3）可以提供有效合同或有关凭证，能够证明其工资、薪金所得的一部分按有关规定上缴派遣（介绍）单位的，可以扣除其实际上交的部分，按其余额计征个人所得税。

3. 境内、境外分别取得工资薪金所得的费用扣除

纳税人在境内、境外同时取得工资薪金所得：

（1）首先判断其境内、境外取得的所得是否来源于一国的所得，如果因任职、受雇等而在中国境内提供劳务取得的所得，无论支付地点是否在中国境内，均为来源于中国境内的所得。

（2）纳税人提供有效证明文件，判定其所得分别来自境内和境外的，应分别减除费用后计算纳税。

（3）纳税人不能提供有效证明，则视为一国所得，依照有关规定计税。

4. 特定行业职工取得的工资、薪金所得的计税问题

采掘业、远洋运输业、远洋捕捞业的职工取得的工资、薪金所得，可按月预缴，年度终了后 30 日内，合计其全年工资、薪金所得，再按 12 个月平均并计算实际应纳的税款，多退少补。其公式为：

$$应纳所得税额 = [（全年工资、薪金收入 \div 12 - 费用扣除标准）\times$$
$$税率 - 速算扣除数] \times 12$$

远洋运输船员用于集体用餐的伙食费补贴不计入每月的工资、薪金收入，同时可以适用附加减除的标准。

5. 个人取得公务交通、通信补贴收入的扣除标准

个人因公务用车和通信制度改革而取得的公务用车、通信补贴收入，扣除一定标准的公务费用后，按照"工资、薪金所得"项目征税。按月发放的，并入当月"工资、薪金所得"合并后计征税；不按月发放的，分解到所属月份并与该月份

"工资、薪金所得"合并征税。因公务用车制度改革而以现金、报销等形式向个人支付的收入，视为个人取得公务用车补贴收入。

6. 取得全年一次性奖金等应纳个人所得税的计算

（1）全年一次性奖金是指行政机关、企事业单位等扣缴义务人根据其全年经济效益和对雇员全年工作业绩的综合考核情况，向雇员发放的一次性奖金。一次性奖金也包括年终加薪、实行年薪制和绩效工资办法的单位根据考核情况兑现的年薪和绩效工资。

（2）全年一次性奖金，要与日常的工资、薪金分开，单独作为1个月工资、薪金所得计算纳税，即各算各的。具体见表2-12。

表2-12　　　　取得全年一次性奖金等应纳个人所得税的计算

类型	定税率	税额计算
大于标准	A÷12个月，确定适用税率和速算扣除数	应纳税额 = 雇员当月取得全年一次性奖金×适用税率 - 速算扣除数
小于标准	a. 先算差额：全年一次性奖金 - （雇员当月工资薪金所得 - 3500元/4800元） b. 按上述办法确定全年一次性奖金的适用税率和速算扣除数	应纳税额 = （雇员当月取得全年一次性奖金 - 雇员当月工资薪金所得与费用扣除额的差额）×适用税率 - 速算扣除数
提示：全年一次性奖金为A，扣税标准为3500元或4800元		

【注意】

①在一个纳税年度内，对每一个纳税人，该计税办法只允许采用一次。

②雇员取得除全年一次性奖金以外的其他各种名目奖金，如半年奖、季度奖、加班奖、先进奖、考勤奖等，一律与当月工资、薪金收入合并，按税法规定缴纳个人所得税。

7. 双薪的计税方法

年终双薪就是多发一个月的工资，其性质属于全年一次性奖金，按全年一次性奖金计征个人所得税（见表2-13）。

表2-13　　　　双薪的计税方法

单位性质	处理方式
机关	按全年一次性奖金处理
企业	有双薪也有全年一次性奖金，合并为全年一次性奖金，否则并入当月工资

8. 不满一个月的工资薪金所得应纳个人所得税的计算

在中国境内无住所的个人，凡在中国境内不满一个月，并仅就不满一个月期间的工资、薪金所得申报纳税的，均应以全月工资薪金所得为依据计算实际应纳税额。

$$应纳税额 = (当月工资薪金应纳税所得额 \times 适用税率 - 速算扣除数) \times$$
$$当月实际在中国境内的天数 \div 当月天数$$

9. 个人因解除劳动合同取得一次性补偿收入征税问题

职工从破产企业取得的一次性安置费收入，免征个人所得税。

（1）个人与用人单位解除劳动关系取得的一次性补偿收入在当地上年职工平均工资3倍以内的部分，免征个人所得税；超过3倍数额部分，视为一次取得数月工资、薪金收入，以超过部分除以个人工作年限（超过12年按12年计算），以商数作为月工资、薪金收入计算个人所得税。

（2）个人领取一次性补偿收入时按照国家和地方政府规定的比例实际缴纳的住房公积金、医疗保险费、基本养老保险费、失业保险费，可以在计征其一次性补偿收入的个人所得税时予以扣除。

10. 个人提前退休取得一次性补贴征收个人所得税规定

（1）对未达到法定退休年龄、正式办理提前退休手续的个人，按统一标准向其支付一次性补贴，不属于免税的离退休工资收入，应按"工资、薪金所得"征税。

（2）税务处理：将一次性补贴，按办理提前退休手续至法定退休年龄之间所属月份平均分摊计算个税。

（3）计算公式：

$$月分摊额 = 一次性补贴收入 \div 办理提前退休手续至法定退休年龄的实际月份数$$
$$月应纳税额 = (月分摊额 - 费用扣除标准) \times 适用税率 - 速算扣除数$$
$$全部应纳税额 = 月应纳税额 \times 提前办理退休手续至法定退休年龄的实际月份数$$

二、个体工商户、个人独资企业和合伙企业的生产、经营所得的计税方法

个体工商户个人所得税计税方法有如下三种。

（一）计税基本规定

公式：

应纳税所得额＝收入总额－成本－费用－损失－税金－其他支出－
允许弥补的以前年度亏损

1. 收入总额：

包括销售货物收入、提供劳务收入、转让资产收入、利息收入、租金收入、接受捐赠收入、其他收入。

2. 个体工商户下列支出不得扣除：

①个人所得税税款；

②税收滞纳金；

③罚金、罚款和被没收财物的损失；

④不符合扣除规定的捐赠支出；

⑤赞助支出；

⑥用于个人和家庭的支出；

⑦与取得生产经营收入无关的其他支出；

⑧国家税务总局规定不准扣除的支出。

3. 个体工商户生产经营活动中，应当分别核算生产经营费用和个人、家庭费用。对于生产经营与个人、家庭生活混用难以分清的费用，其40%视为与生产经营有关费用，准予扣除。

4. 个体工商户纳税年度发生的亏损，准予向以后年度结转，用以后年度的生产经营所得弥补，但结转年限最长不得超过五年。

（二）扣除项目及标准

1. 工资薪金方面的扣除（见表2－14）

表2－14 工资薪金方面的扣除情况

项目	从业人员	业主
工资薪金支出	实际支付可以据实扣除	不得税前扣除，按3500/月标准扣除
五险一金	规定的范围和标准缴纳的可扣	
补充养老保险费和补充医疗保险费	分别在不超过从业人员工资总额5%标准内的部分据实扣除；超过部分，不得扣除	当地（地级市）上年度社会平均工资的3倍为计算基数，分别在不超过该计算基数5%标准内的部分据实扣除；超过部分，不得扣除

续 表

项目	从业人员	业主
商业保险	按规定为特殊工种从业人员支付的人身安全保险费和按规定可以扣除的其他商业保险费外，业主本人或为从业人员支付的商业保险费不得扣除	
工会经费、职工福利费和职工教育经费支出	工资薪金总额的 2%、14% 和 2.5% 的标准内据实扣除	当地（地级市）上年度社会平均工资的 3 倍为计算基数，在规定比例内据实扣除

2. 其他项目扣除

（1）开办费用。

个体工商户自申请营业执照之日起至开始生产经营之日止所发生符合规定的费用，除为取得固定资产、无形资产的支出，以及应计入资产价值的汇兑损益、利息支出外，作为开办费，个体工商户可以选择在开始生产经营的当年一次性扣除，也可自生产经营月份起在不短于 3 年期限内摊销扣除，但一经选定，不得改变。

（2）公益捐赠。

个体工商户通过公益性社会团体或者县级以上人民政府及其部门，用于规定的公益事业的捐赠，捐赠额不超过其应纳税所得额 30% 的部分可以据实扣除。规定可以全额在税前扣除的捐赠支出项目按有关规定执行。

个体工商户直接对受益人的捐赠不得扣除。

（3）研发购置费用。

个体工商户研究开发新产品、新技术、新工艺所发生的开发费用，以及研究开发新产品、新技术而购置单台价值在 10 万元以下的测试仪器和试验性装置的购置费准予直接扣除；单台价值在 10 万元以上（含 10 万元）的测试仪器和试验性装置，按固定资产管理，不得在当期直接扣除。

（4）其他规定。

个体工商户按照规定缴纳的摊位费、行政性收费、协会会费等，按实际发生数额扣除。

个体工商户代其从业人员或者他人负担的税款，不得税前扣除。

（三）个人独资企业和合伙企业投资者征收个人所得税的规定

1. 纳税人

个人独资企业以投资者为纳税人，合伙企业以每一个合伙人为纳税人。

2. 税率

适用五级超额累进税率。

3. 合伙人应纳税所得额按先分后税原则确定，具体如下：

（1）合伙人以合伙企业的生产经营所得和其他所得，按照合伙协议约定的分配比例确定。

（2）合伙协议未约定或约定不明确的，以全部生产经营所得和其他所得，按照合伙人协商决定的分配比例确定。

（3）协商不成的，以全部生产经营所得和其他所得，按照合伙人实缴出资比例确定。

（4）无法确定出资比例的，以全部生产经营所得和其他所得，按照合伙人数量平均计算。

合伙协议不得约定将全部利润分配给部分合伙人。

4. 扣除项目

投资者工资不得在税前直接扣除。投资者的费用扣除标准为3500/月。投资者兴办两个或两个以上企业的，其费用扣除标准由投资者选择在其中一个企业的生产经营所得中扣除。投资者及其家庭发生的生活费用不允许在税前扣除。生活费用与企业生产经营费用混合在一起难以划分的，全部视为生活费用，不允许税前扣除。

投资者及其家庭共用的固定资产，难以划分的，由税务机关核定。

5. 应纳税额的计算（见表2-15）

表2-15　　　　　　　　　　　　应纳税额的计算公式

类型	计算公式
查账征收	1. 应纳税所得额 = ∑各个企业的经营所得（汇总确定税率） 2. 应纳税额 = 应纳税所得额×税率 - 速算扣除数 3. 本企业应纳税额 = 应纳税额×本企业的经营所得÷∑各个企业的经营所得 4. 本企业应补缴的税额 = 本企业应纳税额 - 本企业预缴的税额
核定征收	1. 应纳所得税额 = 应纳税所得额×适用税率 - 速算扣除数 2. 应纳税所得额 = 收入总额×应税所得率 或 = 成本费用支出额/（1 - 应税所得率）×应税所得率

三、企事业单位的承包经营、承租经营所得应纳税的计算

表 2 - 16 企事业单位的承包经营、承租经营所得应纳所得税的计算

税率	同个体工商户
公式	全年应纳税所得额 = 经营收入（含工资）－ 上缴费用 － 3500 × 承包、承租月数 全年应纳税额 = 应纳税所得额 × 适用税率 － 速算扣除数

四、劳务报酬所得应纳税额的计算

表 2 - 17 劳务报酬所得应纳税额计算公式

收入情况	公式
每次收入不足 4000 元的	应纳税额 =（收入 － 800）× 20%
每次收入 4000 元以上的	应纳税额 = 收入 ×（1 － 20%）× 20%
每次收入的应纳税所得额超过 20000 元以上的	应纳税额 = 收入 ×（1 － 20%）× 税率 － 速算扣除数

五、稿酬所得应纳税额计算

1. 计算公式

表 2 - 18 稿酬所得应纳税额计算公式

计算公式	1. 每次收入不足 4000 元的，应纳税额 =（收入 － 800）× 20% ×（1 － 30%） 2. 每次收入 4000 元以上的，应纳税额 = 收入 ×（1 － 20%）× 20% ×（1 － 30%）
其他规定	定额或定率扣除；比例税率 20%，对应纳税额减征 30%

2. 每次收入的确定

每次收入的确定：以每次出版、发表取得的收入为一次。

（1）个人每次以图书、报刊方式出版、发表同一作品，不论出版单位是预付还是分笔支付稿酬，或者加印该作品后再付稿酬，均应合并为一次征税。

（2）在两处或两处以上出版、发表或再版同一作品而取得的稿酬，则可以分别各处取得的所得或再版所得分次征税。

（3）个人的同一作品在报刊上连载，应合并其因连载而取得的所得为一次。连载之后又出书取得稿酬的，或先出书后连载取得稿酬的，应视同再版稿酬分次

征税。

（4）作者去世后，对取得其遗作稿酬的个人，按稿酬所得征税。

六、特许权使用费所得应纳税额计算

1. 每次收入不足 4000 元的，应纳税额 =（收入 – 800）×20%；

2. 每次收入 4000 元以上的，应纳税额 = 收入×（1 – 20%）×20%。

【注意】对个人从事技术转让中所支付的中介费，若能提供有效合法凭证，允许从其所得中扣除。

七、利息、股息、红利所得应纳税额的计算

1. 每次收入的确定。

利息、股息、红利所得以个人每次取得的收入额为应纳税所得额，不得从收入额中扣除任何费用。

2. 计算公式。

$$应纳税额 = 应纳税所得额×适用税率 = 每次收入额×20\%$$

3. 股份制企业以股票形式向股东个人支付应得的股息、红利时，应以派发红股的股票票面金额为所得额，计征个税。

4. 实施上市公司股息红利差别化个人所得税政策。

个人从公开发行和转让市场取得的上市公司股票，持股期限在 1 个月以内（含 1 个月）的，其股息红利所得全额计入应纳税所得额；持股期限在 1 个月以上至 1 年（含 1 年）的，暂减按 50% 计入应纳税所得额；持股期限超过 1 年的，暂免征收。上述所得统一适用 20% 的税率计征个人所得税。（全国中小企业股份转让系统挂牌公司股息：红利同此）。

5. 沪港通股票市场交易有关税收政策规定。

（1）对内地个人投资者通过沪港通投资香港联交所上市 H 股取得的股息、红利，按股息、红利所得征收个税，H 股公司按 20% 税率代扣。

（2）对内地个人投资者通过沪港通投资香港联交所上市非 H 股取得的股息、红利，由中国结算按照 20% 的税率代扣个人所得税。

对香港市场个人投资者投资上交所上市 A 股取得的股息、红利所得，暂不执行按持股时间的差别化征税政策，由上市公司按照 10% 的税率代扣所得税，享受税收协定待遇的，对于多缴部分，可以申请退税。

八、财产租赁所得应纳税额

（一）计算公式

表 2 - 19 财产租赁所得应纳税额计算公式

类型	计算公式
每次收入≤4000 元	应纳税额 = （收入 - 800）×20%
每次收入 >4000 元	应纳税额 = 收入×（1 - 20%）×20%

（二）其他规定

1. 财产租赁所得以 1 个月内取得的收入为一次。

2. 个人出租财产取得的财产租赁收入，在计算缴纳个人所得税时，<u>应依次</u>扣除以下费用。

（1）财产租赁过程中缴纳的税费；

【注意】财产租赁过程中缴纳的税费包括城市维护建设税（7%、5%、1%）、房产税（4%）、教育费附加（3%）；营改增后个人出租住房按 5% 的征收率<u>减按 1.5%</u> 计算应纳税额。

（2）取得转租收入的个人向出租方支付的租金；

（3）由纳税人负担的该出租财产实际开支的<u>修缮费用</u>（每次 800 元为限，一次扣不完的下次继续扣除，直到扣完为止）；

（4）税法规定的费用扣除标准：800 元或 20%。

3. 个人出租房产的应纳税所得额。

表 2 - 20 个人出租房产的应纳税所得额

收入情形	应纳税所得额
每次（月）收入≤4000 元的	每次（月）收入额 - 准予扣除项目 - 修缮费用（800 元为限）- 800 元
每次（月）收入 >4000 元的	［每次（月）收入额 - 准予扣除项目 - 修缮费用（800 元为限）］×（1 - 20%）

4. 适用税率：一般税率为 20%，个人按市场价出租居民住房，税率 10%。

九、财产转让所得

1. 计算公式。

$$应纳税额 = （收入总额 - 财产原值 - 合理税费）×20%$$

2. 财产原值的确定。

（1）有价证券：原值为买入价以及买入时按规定缴纳的有关费用。一般，转让债权采用"加权平均法"确定。

①一次卖出某一种类的债券允许扣除的买价和费用 = 购进该种债券买入价和买进过程中缴纳的税费总和÷购进该种类债券总数量×一次卖出的该种类债券数量 + 卖出的该种类债券过程中缴纳的税费；

②每次卖出债券应纳个人所得税额 = （该次卖出该类债券收入 − 该次卖出该类债券允许扣除的买价和费用）×20%。

（2）建筑物：建造价或购进价 + 相关税费。

（3）土地使用权：买价 + 相关税费。

（4）机器设备、车船：原值为购进价格、运输费用、安装费以及其他相关费用。

（5）其他财产：原值的确定同上方法，若纳税人未提供完整、准确的财产原值凭证，不能正确计算财产原值，由税务机关核定其财产原值。

十、偶然所得和其他所得

$$应纳税额 = 应纳税所得额×适用税率 = 每次收入额×20\%$$

考试套路一

考核工资、薪金所得的计算

【例题 1　多选·2013 年真题】下列各项所得，按"工资、薪金所得"缴纳个人所得税的有（　　）。

A. 非任职单位的董事费收入

B. 退休后再任职取得的收入

C. 年终加薪和劳动分红

D. 年终一次性奖金

E. 法人企业的个人投资者无偿取得企业出资购买的汽车

【答案】BCD

【关键思路与解析】选项 A：按照"劳务报酬所得"项目缴纳个人所得税；选项 E：按照"利息、股息、红利所得"项目缴纳个人所得税。故 B、C、D 正确。

【例题2 多选·2016年真题】下列各项所得，应按工资、薪金所得缴纳个人所得税的有（ ）。

A. 个人独资企业员工每月从该企业取得的劳动所得

B. 从任职单位取得的集资利息

C. 退休后的再任职收入

D. 转让限售股的所得

E. 股票增值权所得

【答案】ACE

【关键思路与解析】个人独资企业员工为本企业劳动取得的所得应该按照"工资、薪金所得"征税；集资利息按"利息、股息、红利所得"征税；退休后的再任职收入按照"工资、薪金所得"征税；转让限售股的所得按照"财产转让所得"征税；个人因任职、受雇从上市公司取得的股票增值权所得，应按照"工资、薪金所得"项目征税。故A、C、E正确。

【套路－识坑避坑】要清楚哪些所得按照"工资、薪金所得"项目征税，不要混淆哦。

【例题3 单选·2016年真题】朱某为一企业员工，2016年年初被派往该企业与国外某公司在中国设立的中外合资企业任职，由合资企业每月发放应税工资为15000元，朱某每月向派遣企业上缴1500元。朱某每月应缴纳个人所得税（ ）元。

A. 1495   B. 1185   C. 1540   D. 1870

【答案】A

【关键思路与解析】对于外商投资企业、外国企业和外国驻华机构发放给中方工作人员的工资、薪金所得，应全额计税。对于可以提供有效合同或有关凭证，能够证明其工资、薪金所得的一部分按有关规定上交派遣（介绍）单位的，可以扣除其实际上交的部分，按其余额计征个人所得税。朱某每月应缴纳的个人所得税 = （15000 － 3500 － 1500）× 25% － 1005 = 1495（元）。

-------------------------------- 【考试套路总结】 --------------------------------

解题思路：（1）先辨别哪些是不征税项目（差旅费津贴、独生子女补贴等）和免税项目（个人承担的五险一金）；（2）用工资总额减去不征税项目和免税项目及固定扣除费用（3500元），找到对应税率；（3）计算应纳税额。

需要注意以下情况：

1. 工资、薪金一般计税情况：定额扣除 3500 元或 4800 元，个人承担的五险一金必扣除，此外尤其要注意差旅费津贴不计入个人所得税的征税范围。年金的扣除标准是本人上一年度月平均工资的 4%，月平均工资超过职工工作地区所在设区城市上一年度职工月平均工资 300% 以上的部分，不计入计税基数。

2. 工资、薪金特殊计税情况：年终奖。

（1）发放年终奖当月的工资 ≥3500，分别核算：

$$工资的应纳税额 = （工资 - 3500）× 税率 - 扣除数$$

年终奖单独计算

$$\frac{税前年终奖全额}{12} = X \rightarrow 找出适用税率 R，以及速算扣除数 a$$

$$年终奖应纳税额 = 税前年终奖全额 × R - a$$

（2）发放年终奖当月的工资 < 3500 元，合并纳税：

$$\frac{税前年终奖全额 + 工资 - 3500}{12} = X \rightarrow R，a$$

$$应纳税额 = （税前年终奖全额 + 工资 - 3500）× R - a$$

（3）特殊情况：半年奖、季度奖、加班奖、考勤奖并入当月工资一起计税，不算作全年奖金。

考试套路二

考核稿酬应纳税所得额的计算

【例题　单选·2011 年真题】2010 年，中国公民刘某出版长篇小说，2 月收到预付稿酬 10000 元，4 月小说正式出版收到稿酬 20000 元；10 月将小说手稿在某国公开拍卖，拍卖收入折合人民币 90000 元，并已按该国税法规定缴纳了个人所得税折合人民币 10000 元。刘某以上收入在中国境内应缴纳个人所得税（　　）元。

A. 4480　　　　B. 4560　　　　C. 6080　　　　D. 7760

【答案】D

【关键思路与解析】

稿酬所得应缴纳个人所得税 = （10000 + 20000）×（1 - 20%）× 20% ×（1 - 30%）= 3360（元）

特许权使用费应缴纳的个人所得税 = 90000 × （1 - 20%） × 20% - 10000 = 4400（元）

应缴纳个人所得税合计 = 3360 + 4400 = 7760（元）

------- 【考试套路总结】 -------

稿酬都是"文化人"交的税，并且稿子属于知识产权。一直以来国家都鼓励文化创作，所以减征30%，实际税率就是14%。在做选择题时可以直接用14%，但是主观题还是按步骤写清楚。劳务报酬、稿酬、财产租赁，特许权使用费的计算方法很相似，具体如下：

应纳税额计算：

1. 每次收入额 < 4000 元；

$$应纳税额 = （每次收入额 - 800） × 20\% × （1 - 30\%）$$

2. 每次收入额 ≥ 4000 元；

$$应纳税额 = 每次收入额 × （1 - 20\%） × 20\% × （1 - 30\%）$$

【记忆口诀】

劳稿特许和租赁，界限四千很分明。

不足四千减八百，四千之上扣二十。

劳超两万要加成，稿按三十来减征。

考点五
特殊情形下个人所得税的计税方法
（重要性：★★）

一、捐赠支出的税务处理

个人一般公益性捐赠额不超过应纳税所得额30%的部分可以扣除，超过部分不允许扣除。

$$应纳税额 =（应纳税所得额 - 允许扣除的捐赠额） × 税率 -$$
$$速算扣除数（涉及此项才减除）$$

二、境外税额抵免的计算

纳税人从中国境外取得所得，准予其在应纳税额中扣除已在境外实缴的个人所得税税款，但扣除额不得超过该纳税人境外所得依照税法规定计算的应纳税额。

三、两个以上共同取得同一项目收入的计税方法

计税原则：先分、后扣、再税。

四、对从事建筑安装业个人取得所得的征税办法

1. 凡建筑安装业各项工程作业实行承包经营，对承包人取得的所得，分两种情况处理：对经营成果归承包人个人所有的所得，或按合同（协议）规定、将一部分经营成果留归承包人个人的所得，按对企事业单位的承包经营、承租经营所得项目征税；对承包人以其他方式取得的所得，按工资、薪金所得项目征税。

2. 从事建筑安装业的个体工商户和未领取营业执照承揽建筑安装业工程作业的建筑安装队和个人，以及建筑安装企业实行个人承包后工商登记改变为个体经济性质的，其从事建筑安装业取得的收入应依照个体工商户的生产、经营所得项目计征个人所得税。

3. 对从事建筑安装业工程作业的其他人员取得的所得，分别按照工资、薪金所得项目和劳务报酬所得项目计征个人所得税。

五、对从事广告业个人取得所得的征税办法

1. 纳税人在广告设计、制作、发布过程中提供名义、形象而取得的所得，应按劳务报酬所得项目计算纳税。

2. 纳税人在广告设计、制作、发布过程中提供其他劳务取得的所得，视其情况分别按照税法规定的劳务报酬所得、稿酬所得、特许权使用费所得等应税项目计算纳税。

3. 扣缴义务人的本单位人员在广告设计、制作、发布过程中取得的由本单位支付的所得，按工资、薪金所得项目计算纳税。

六、对演出市场个人取得所得的征税办法

1. 演职员参加非任职单位组织的演出取得的报酬，应按劳务报酬所得项目，按

次计算纳税。

2. 演职员参加<u>任职单位</u>组织的演出取得的报酬，应按<u>工资、薪金</u>所得项目，按<u>月</u>计算纳税。

3. 报酬中按规定上缴给单位和文化行政部门的管理费及收入分成，经过主管税务机关确认后，可以扣除。

4. 凡有下列情形之一的演职员，应在取得报酬的<u>次月 15 日内</u>，<u>自行</u>到演出所在地或单位所在地的主管税务机关申报纳税：

（1）在<u>两处或两处以上</u>取得<u>工资、薪</u>金性质所得的，应将各处取得的工资、薪金性质的所得合并计算纳税；

（2）分次取得属于<u>一次劳务报酬</u>的；

（3）扣缴义务人没有依法扣缴税款的；

（4）主管税务机关要求其申报纳税的。

七、个人股票期权所得征收个人所得税的方法

表 2－21　　　　　　　　个人股票期权所得征收个人所得税的方法

阶段	具体规定
接受	一般不征税（但另有规定的除外）
行权	1. 行权日之前转让的，按转让净收入计入<u>工资、薪金</u>所得征税 2. 行权获取的差额收益计入<u>工资、薪金</u>征税 （1）差额收益 =（每股市价－每股施权价）×股票数量或上市公司直接支付的部分 （2）应纳税额 =（应纳税所得额÷规定月份数×适用税率－速算扣除数）×规定月份数 【提示 1】式子算出来的差额收益，即为应纳税所得额 【提示 2】规定月份：<u>取得期权的境内工作月份数，长于 12 个月的，按 12 个月计算</u>
持有	获得股息、红利的，按利息、股息、红利所得征税
转让	行权后转让的有如下两种情形，按财产转让所得征免税： （1）转让境内上市公司股票免税； （2）转让境外上市公司股票征税

八、股权转让所得个人所得税管理办法

1. 具体包括获得所得的以下转让行为：

（1）出售股权；

（2）公司回购股权；

（3）发行人首次公开发行新股时，被投资企业股东将其持有的股份以公开发行方式一并向投资者发售；

（4）股权被司法或行政机关强制过户；

（5）以股权对外投资或进行其他非货币性交易；

（6）以股权抵偿债务。

2. 个人股权转让所得个人所得税，以股权转让方为纳税人，以受让方为扣缴义务人。

3. 转让方取得与股权转让相关的各种款项，包括违约金、补偿金以及其他名目的款项、资产、权益等，均应当并入股权转让收入。

4. 对个人多次取得同一被投资企业股权的，转让部分股权时，采用"加权平均法"确定其股权原值。

5. 符合下列情形之一的，主管税务机关可以核定股权转让收入：

（1）申报的股权转让收入明显偏低且无正当理由的；

（2）未按照规定期限办理纳税申报，经税务机关责令期限申报，逾期仍不申报；

（3）转让方无法提供或拒不提供股权转让收入的有关资料；

（4）其他应该核定股权转让收入的情形。

6. 符合下列情形之一，视为股权转让收入明显偏低：

（1）申报的股权转让低于股权对应的净资产份额的。其中，被投资企业拥有土地使用权、房屋、房地产企业未销售房产、知识产权、探矿权、采矿权、股权等资产的，申报的股权转让收入低于股权对应的净资产公允价值份额的。

（2）申报的股权转让收入低于初始投资成本或低于取得该股权所支付的而价款及相关税费的。

（3）申报的股权转让收入低于相同或类似条件下同一企业同一股东或其他股东股权转让收入的。

（4）申报的股权转让收入低于相同或类似条件下同类行业的企业股权转让收入的。

（5）不具有合理性的无偿让渡股权或股份的。

（6）主管税务机关认定的其他情形。

7. 符合下列条件之一的股权转让收入明显偏低，视为有正当理由：

（1）能出具有效证明文件，证明被投资企业因国家政策调整，生产经营受到重大影响，导致低价转让股权。

（2）继承或将股权转让给其能提供具有法律效力身份关系证明的配偶、父母、子女、祖父母、外祖父母、孙子女、外孙子女、兄弟姐妹以及对转让人承担直接抚养或者赡养义务的抚养人或者赡养人。

（3）相关法律、政府文件或企业章程规定，并有相关资料充分证明转让价格合理且真实的本企业员工持有的不能对外转让股权的内部转让。

九、纳税人收回转让的股权征收个人所得税的方法

股权转让合同履行完毕、股权已作变更登记，且所得已经实现的，转让人取得的股权转让收入应当依法缴纳个人所得税

1. 转让行为结束后，当事人双方签订并执行解除原股权转让合同、退回股权的协议，是另一次股权转让行为，对前次转让行为征收的个人所得税款不予退回。

2. 股权转让合同未履行完毕，因执行仲裁委员会作出的解除股权转让合同及补充协议的裁决、停止执行原股权转让合同，并原价收回已转让股权的，纳税人不应缴纳个人所得税。

十、关于股权激励形式所得的计算方法

表 2 - 22　　　　　　　　　关于股权激励形式所得的情况

项目	税目	应纳税所得额	纳税义务发生时间
股票增值权	工资、薪金所得	（行权日股票价格－授权日股票价格）×行权股票份数	上市公司向被授权人兑现股票增值权所得的日期
限制性股票		（股票登记日股票市价＋本批次解禁股票当日市价）/2×本批次解禁股票份数－被激励对象实际支付的资金总额×（本批次解禁股票份数/被激励对象获取的限制性股票总份数）	每一批次限制性股票解禁的日期
股权激励		1. 上述政策适用于上市公司（含所属分支机构）和上市公司控股企业的员工，其中上市公司占控股企业股份比例最低为30%。间接持股比例，按各层持股比例相乘计算，上市公司对一级子公司持股比例超过50%的，按100%计算。 2. 具有下列情形之一的股权激励所得，不适用上述优惠计税方法，直接计入个人当期所得征收个人所得税： （1）除第1项规定之外的集团公司、非上市公司员工取得的股权激励所得； （2）公司上市之前设立股权激励计划，待公司上市后取得的股权激励所得； （3）上市公司未按照规定向其主管税务机关报备有关资料的	

十一、个人转让上市公司限售股所得征收个人所得税

1. 转让限售股的计税方法：

$$应纳税所得额 = 限售股转让收入 - （限售股原值 + 合理税费）$$
$$应纳税额 = 应纳税所得额 \times 20\%$$

2. 相关规定。

（1）如果纳税人未能提供完整、真实的限售股原值凭证的，不能准确计算限售股原值的，主管税务机关一律按限售股转让收入的 15% 核定限售股原值及合理税费。

（2）纳税人同时持有限售股及该股流通股的，其股票转让所得，按照限售股优先原则，即转让股票视同为先转让限售股，按规定计算缴纳个人所得税。

（3）对个人在上海证券交易所、深圳证券交易所转让从上市公司公开发行和转让市场取得的上市公司股票所得免征个人所得税。

十二、单位低价向职工售房有关个人所得税的计算方法

除国家机关、企事业单位及其他组织在住房制度改革期间，按照所在地县级以上人民政府规定的房改成本价格向职工出售公有住房以外，其他单位按低于购置或建造成本价格出售住房给职工，职工因此少支付的差价按"工资、薪金所得"征税。计税方法比照全年一次性奖金的方法计算。

十三、个人取得拍卖收入征收个人所得税

1. 拍卖个人财产

表 2 - 23　　　　　　　　　文字手稿原件拍卖特别规定

拍卖物品	适用税目	应纳税所得额
作者将自己的文字手稿原件或复印件拍卖取得的所得	特许权使用费	转让收入定额扣 800 或定率扣 20%
除文字作品原稿及复印件外的其他财产	财产转让所得	转让收入减除财产原值和合理税费后的余额

2. 财产原值

售出方取得该拍卖品的价格（以合法有效凭证为准）。具体为：

（1）通过商店、画廊等途径购买的，为购买该拍卖品时实际支付的价款；

（2）通过拍卖行拍得的，为拍得该拍卖品实际支付的价款及交纳的相关税费；

（3）通过祖传收藏的，为其收藏该拍卖品而发生的费用；

（4）通过赠送取得的，为其受赠该拍卖品时发生的相关税费。

3. 税金与合理费用

（1）拍卖过程中缴纳的税金，是指在拍卖财产时纳税人实际缴纳的相关税金及附加。

（2）有关合理费用，是指拍卖财产时纳税人按照规定实际支付的拍卖费（佣金）、鉴定费、评估费、图录费、证书费等费用。

4. 不能正确计算财产原值

纳税人如不能提供合法、完整、准确的财产原值凭证，不能正确计算财产原值的：

（1）按转让收入额的3%征收率计算缴纳个人所得税；

（2）拍卖品为经文物部门认定是海外回流文物的，按转让收入额的2%征收率计算缴纳个人所得税。

十四、关于个人无偿受赠房屋有关个人所得税问题

表 2 - 24　　　　　　　　　　　房屋无偿赠与情形

将房屋无偿赠与以下情形	征税情况
1. 配偶、父母、子女、祖父母等三代以内的直系血亲； 2. 对赠送人承担抚养或者赡养义务的抚养人或赡养人； 3. 法定继承人、遗嘱继承人或者受遗赠人	对当事双方均不征税
除上述1、2、3以外情形的，对受赠人按"其他所得"征税 应纳税额 =（房地产赠与合同上标明的赠与房屋价值 – 受赠人支付的相关税费）×20%	对受赠人征税

十五、个人转让离婚析产房屋的征税问题

1. 通过离婚析产的方式分割房屋产权是夫妻双方对共同共有财产的处置，个人因离婚办理房屋产权过户手续，不征收个人所得税。

2. 个人转让离婚析产房屋所取得的收入，允许扣除其相应的财产原值和合理费用后，余额按照规定的税率缴纳个人所得税；其相应的财产原值，为房屋初次购置全部原值和相关税费之和乘以转让者占房屋所有权的比例。

3. 个人转让离婚析产房屋所取得的收入，符合家庭生活自用5年以上唯一住房的，可以申请免征个人所得税。

十六、企业年金个人所得税的计算

表 2－25　　　　　　　　　　企业年金个人所得税的具体规定

阶段	具体规定
缴费	单位缴费部分在计入个人账户时暂不缴纳
	个人缴费部分在不超过本人缴费工资计税基数的 4% 标准以内的部分暂从应纳税所得额中扣除。 1. 企业年金个人缴费工资计税基数：本人上一年度月平均工资。 2. 职业年金个人缴费工资计税基数：职工岗位工资和薪级工资之和。 【注意】上述计税基数超过职工工作地所在设区城市上一年度职工月平均工资 300% 以上的部分，不计入个人缴费工资计税基数
	超过规定的标准缴付的年金并入个人当期工资薪金征税
运营	年金基金投资运营分配计入个人账户时暂不缴纳
领取	全额按照"工资、薪金所得"适用税率，计征个人税
	出境定居或个人死亡后，其指定的受益人或法定继承人一次性领取的年金个人账户余额，允许领取人将一次性领取的年金个人账户资金或余额按 12 个月分摊到各月，就其每月分摊额，按规定计算个人所得税。除此原因外一次性领取按全额交税。

十七、律师事务所从业人员个税的计算方法

表 2－26　　　　　　　　　律师事务所从业人员个税的具体规定

所得类型	具体规定
律师事务所给雇员的所得	工资、薪金所得
律师分成收入	律师当月的分成收入按规定扣除办案支出的费用后，余额与律师事务所发给的工资合并，按"工资、薪金所得"征税
兼职律师	从律师事务所取得工资薪金性质的所得，不再减除规定的费用扣除标准，以收入全额直接确定适用的税率，计算扣税。应于次月 7 日内自行向主管税务机关申报两处或两处以上取得的工资薪金所得，合并计算缴纳个人所得税
律师助理	律师以个人名义再聘请其他人员为其工作而支付的报酬，应由该律师按"劳务报酬所得"项目负责代扣代缴个人所得税

考试套路一

考核境外缴纳税额抵免的计税方法

【例题 单选·2013 年真题】2012 年，张某将其一项专利权转让给 A 国一家企业，取得转让收入 120000 元，按 A 国税法缴纳了个人所得税 15000 元；同年在 A 国提供劳务，取得劳务报酬 200000 元，按 A 国税法缴纳了个人所得税 55000 元。2012 年，张某应就来源于 A 国所得在国内缴纳个人所得税（   ）元。

A. 2800　　　　　B. 4200　　　　　C. 6200　　　　　D. 7000

【答案】A

【关键思路与解析】专利权转让的抵免限额 = 120000 × （1 − 20%）×20% = 19200（元），劳务报酬所得的抵免限额 = 200000 × （1 − 20%）×40% − 7000 = 57000（元），A 国所得应缴纳个人所得税 = （19200 + 57000）−（15000 + 55000）= 6200（元）。

-------------------------------【考试套路总结】-------------------------------

从同一国家取得的所得，各项目需要先分别计算各自的抵免限额，然后将各项目的抵免限额相加，减去在该国缴纳的税额合计，从而计算是否应补个人所得税。原则是多交不退，少交要补。

表 2 − 27　　　　　　　　境外缴纳税额抵免的计税方法具体规定

项目	具体规定
抵免限额（A）	准予抵免的境外税款不能超过境外所得按我国税法计算的抵免限额
境外实缴税款（B）	境外所得依照来源国的法律应当缴纳并且已经缴纳的税额
允许抵免额	分国确定，某国的抵免限额与该国实缴税款比较，以较小者作为允许抵免额
结果处理	B 小于 A：差额补税；B 大于 A：不退国外多缴纳的税款，本年无须补缴税款，超出部分不得扣除，但可在以后 5 年结转扣除

考试套路二

考核个人股票期权所得征收个人所得税的方法

【例题 单选·2011 年真题】根据个人所得税股票期权的相关规定，下列税务处理中，正确的是（　　）。

A. 分得的股息按"工资、薪金所得"税目缴纳个人所得税

B. 股票期权转让净收入应按"财产转让所得"税目缴纳个人所得税

C. 行权时的行权价与实际购买价之间的差额按"财产转让所得"税目缴纳个人所得税

D. 行权时的行权价与施权价之间的差额按"股息、红利所得"税目缴纳个人所得税

【答案】B

【关键思路与解析】股票期权转让净收入应按财产转让所得税目缴纳个人所得税，选项 B 正确。

-------------------- 【考试套路总结】 --------------------

本套路考核个人股票期权所得征收个人所得税的方法，这里需要理解掌握不同股票转让情形的计税方法，具体见表 2 – 28。

表 2 – 28　　　　　　　　不同股票转让情形计税方法

股票转让的情形	计税方法
授权	一般不征税
行权前转让	工资薪金所得
行权	工资薪金所得（公式见表下，分摊法）
行权后的股票再转让	财产转让所得（境内上市股免，境外股交）
行权后不转让而参与企业税后利润分配	利息、股息、红利所得

考试套路三

考核个人转让上市公司限售股所得个人所得税计算

【例题　单选 · 2013 年真题】钱某在某上市公司任职，任职期间该公司授予钱某限售股 3 万股，该批限售股已于 2012 年年初解禁，钱某在 8 月之前陆续买进该公司股票 2 万股，股票平均买价为 5.4 元/股，但限售股授予价格不明确。2012 年 8 月，钱某以 8 元/股的价格卖出公司股票 4 万股。在不考虑股票买卖过程中其他相关税费的情况下，钱某转让 4 万股股票应缴纳个人所得税（　　）元。

A. 27200　　　　　B. 32400　　　　　C. 37600　　　　　D. 40800

【答案】D

【关键思路与解析】纳税人同时持有限售股及该股流通股的，其股票转让所得，按照限售股优先原则，企业未能提供完整、真实的限售股原值凭证，不能准确计算该限售股原值的，主管税务机关一律按照限售股转让收入的15%，核定为该限售股原值和合理税费。属于个人转让上市公司的流通股股票，暂免征收个人所得税。所以应缴纳个人所得税 = 30000 × 8 × （1 - 15%）× 20% = 40800（元）

-------- 【考试套路总结】 --------

本套路考核个人转让上市公司限售股所得个人所得税计算，限售股不同情况下应纳税额的计算见表2 - 29。

表2 - 29　　　　　　　　　　限售股不同情况下应纳税额的计算

项目	扣除额	税率
能够取得原值和合理税费	原值和合理费用	20%
未能提供完整、真实的原值凭证	按收入的15%核定原值及合理税费	

关于限售股的考核重点是未能提供完整、真实的原值凭证情况下，15%的扣除率，同时还可能结合企业所得税考查。

纳税人同时持有限售股及该股流通股的，其股票转让所得，按照限售股优先原则，即转让股票视同为先转让限售股，按规定计算缴纳个人所得税。

考试套路四

考核单位低价向职工售房相关个税计算

【例题　单选·2012年真题】2012年4月，田某作为人才被引入某公司，该公司将购置价800000元的一套住房以500000元的价格出售给田某。田某取得该住房应缴纳个人所得税（　　）元。

A. 21500　　　　　B. 37500　　　　　C. 52440　　　　　D. 73995

【答案】D

【关键思路与解析】低价售房按全年一次奖金的办法计算缴纳个人所得税。（800000 - 500000）/12 = 25000，找税率25%，速算扣除数1005。应缴纳个人所得

税 $=300000 \times 25\% - 1005 = 73995$ （元）。

-------------------- 【考试套路总结】 --------------------

本套路考核单位低价向职工售房的相关个税计算，这里要注意两点，第一，低价是指低于"购置或者建造成本"，不是低于市场价格。第二，比照全年一次性奖金的征税办法来计算个人所得税。

考点六
征收管理
（重要性：★）

一、源泉扣缴

表 2 – 30　　　　　　　　　　源泉扣缴具体规定内容

项目	具体规定
扣缴义务人	支付所得的单位或者个人
应扣缴的所得项目	除个体工商户的所得外的其他所得
扣缴义务人的法定义务	扣缴义务人在向个人支付应纳税所得时，不论纳税人是否属于本单位人员，均应代扣代缴其应纳的个人所得税税款
法律责任	扣缴义务人应扣未扣、应收而不收税款的，由税务机关向纳税人追缴税款，对扣缴义务人处应扣未扣、应收未收税款50%以上3倍以下的罚款
	纳税人、扣缴义务人逃避、拒绝或者以其他方式阻挠税务机关检查的，由税务机关责令改正，可以处1万元以下的罚款；情节严重的，处1万元以上5万元以下的罚款
代扣代缴手续费	税务机关应根据所扣缴的税款，付给2%的手续费

二、自行申报纳税

（一）凡有下列情形之一的，纳税人必须自行向税务机关申报所得并缴纳税款

1. 年所得 12 万元以上的；

2. 在两处或两处以上取得工资、薪金所得的；

3. 从中国境外取得所得的；

4. 取得应纳税所得，没有扣缴义务人的，如个体工商户从事生产、经营的所得；

5. 国务院规定的其他情况。

（二）申报纳税地点

1. 一般为收入来源地的税务机关。

2. 纳税人在两处或两处以上取得工资、薪金所得的，可选择并固定在一地税务机关申报纳税。

3. 从境外取得所得的，应向境内户籍所在地或经常居住地税务机关申报纳税。

4. 在中国境内几地工作的临时来华人员，应以税法规定的申报纳税日期为准，在某一地区达到申报纳税日期的，即在该地申报纳税。

5. 纳税人要求变更申报纳税地点的，须经原主管税务机关备案。

（三）申报纳税期限

除特殊情况外，在取得应纳税所得的次月 15 日内申报纳税。

1. 对账册健全的个体工商户，其生产、经营所得应纳的税款实行按年计算、分月预缴，由纳税人在次月 15 日内申报预缴，年度终了后 3 个月汇算清缴，多退少补。账册不健全的，由税务机关按规定自行确定征收方式。

2. 纳税人年终一次性取得承包经营、承租经营所得的，自取得收入之日起 30 日内申报纳税。

3. 个人从中国境外取得所得的，其来源于境外的应纳税所得，在境外以纳税年度计算缴纳个人所得税的，应在所得来源国的纳税年度终了、结清税款后的 30 日内申报；在取得境外所得时结清税款的，或者在境外按所得来源国税法规定免予缴纳个人所得税的，应在次年 1 月 1 日起 30 日内申报。

（四）申报纳税方式

1. 本人直接申报纳税。
2. 委托他人代为申报纳税。
3. 采用邮寄方式在规定的申报期内申报纳税。

考试套路一

考核自行申报纳税项目

【例题 1　多选·2013 年真题】下列情形，纳税人必须自行向税务机关申报缴纳个人所得税的有（　　）。

A. 年所得 12 万元以上的

B. 从中国境外取得所得的

C. 在两处以上取得稿酬所得的

D. 取得应税所得没有扣缴义务人的

E. 外籍人士在中国境内取得劳务报酬所得的

【答案】ABD

【关键思路与解析】在两处以上取得稿酬所得和外籍人士在中国境内取得劳务报酬所得由支付所得的单位代扣代缴个人所得税，故选项 C、E 不选。

【例题 2　单选·2011 年真题】个人在中国境内两处或两处以上取得应税所得的，个人所得税自行申报的纳税地点是（　　）。

A. 收入来源地

B. 税务局指定地点

C. 纳税人户籍所在地

D. 纳税人选择并固定一地

【答案】D

【关键思路与解析】个人在中国境内两处或两处以上取得应税所得的，可选择并固定在一地税务机关申报纳税。

-------------------- 【考试套路总结】 --------------------

本套路考核自行申报纳税项目，涉及两种情况。第一种是税务局无法监控的收

入（两处工资，境外所得，无扣缴人）；第二种是畸高收入（12 万元），这两种情况都需要自行申报，具体见表 2 - 31。

表 2 - 31　　　　　　　　　　　自行申报纳税的项目

名称	项目
自行申报纳税项目	年所得 12 万元以上
	两处工资、薪金
	境外所得
	没有扣缴义务人

注：表中所说的年所得 12 万元包括以下几项：

1. 工资、薪金所得，并且不得减除相关费用，如 3500 元或 4800 元。

2. 劳务报酬、特许权使用费，不得减除相关税费。

3. 财产租赁所得，不得减除相关税费，对于取得的跨年所得，全部视为实际取得当年的所得。

4. 个人转让房屋所得，实际征收率（1%、2%、3%）分别换算成应税所得率（5%、10%、15%），计算年所得。

5. 企业债券利息所得，视为实际取得当年的所得。

6. 对于个体工商户，个人独资企业投资者，使用征收率的都应当换算成应税所得率。

7. 股票转让所得，以 1 年为限，将所得与损失相抵后的正数为申报额，若为负数，申报"零"。

8. 年所得 12 万元不包括免税所得和缴付的五险一金。

考试套路二

考核高收入者个人所得税征收管理相关内容

【例题　多选·2012 年真题】根据个人所得税相关规定，加强高收入者的财产转让所得管理的主要内容有（　　　）。

A. 加强利息所得征收管理

B. 加强拍卖所得征收管理

C. 加强限售股转让所得征收管理

D. 加强企业转增注册资本和股本管理

E. 加强非上市公司股权转让所得征收管理

【答案】BCE

【关键思路与解析】加强利息所得征收管理和加强企业转增注册资本和股本管理属于加强利息、股息、红利所得征收管理。

------------------------【考试套路总结】------------------------

本套路考核高收入者个人所得税征收管理，需要征收管理的有两方面收入，一

方面是财产转让所得，另一方面是利息、股息、红利所得，具体内容见表2-32。

表2-32　　　　　　　　　高收入者个人所得税征收管理情况

加强财产转让所得征收管理	加强限售股转让所得征收管理
	加强非上市公司股权转让所得征收管理
	加强房屋转让所得征收管理
	加强拍卖所得征收管理
加强利息、股息、红利所得征收管理	加强股息、红利所得征收管理
	加强利息所得征收管理
	加强个人从法人企业列支消费性支出和从投资企业借款的管理

专题三

国际税收

本专题共有**2**个核心考点，**4**个考试套路，赶紧将**套路**GET到！

税收管辖权和国际税收协定

（重要性：★★）

一、税收管辖权的分类

税收管辖权分为三类：地域管辖权、居民管辖权（大多数国家采用）和公民管辖权。

二、约束居民管辖权的国际惯例

1. 自然人居民身份的判定标准

（1）住所标准。

（2）居所标准。

（3）停留时间标准。

2. 法人居民身份的判定标准

（1）注册地标准。

（2）实际管理机构与控制中心所在地标准。

（3）总机构所在地标准。

（4）控股权标准。

（5）主要营业活动所在地标准。

三、国际税收抵免制度

国际上居住国政府可选择采用<u>免税法、抵免法、税收饶让、扣除法和低税法</u>等方法，减除国际重复征税，其中<u>抵免法是普遍采用的</u>方法。

四、我国的税收抵免制度

居民企业以及非居民企业在中国境内设立的机构、场所（以下统称企业），取得的下列所得<u>已在境外缴纳</u>的所得税税额，可从其当期应纳税额中<u>抵免</u>，抵免限额为该项所得按规定计算的应纳税额；超过抵免限额的部分，可在以后<u>5 个年度</u>内，用每年度抵免限额抵免当年应抵税额后的**余额**进行抵补：

1. 纳税人境外所得的范围

（1）<u>居民企业</u>（包括按境外法律设立但实际管理机构在中国，被判定为中国税收居民的企业）可以就其取得的境外所得<u>直接缴纳</u>和<u>间接负担</u>的境外企业所得税性质的税额进行抵免。

（2）<u>非居民企业</u>（外国企业）在中国境内设立的机构（场所）可以就其取得的发生在境外，但与其有实际联系的所得<u>直接缴纳</u>的境外企业所得税性质的税额进行抵免。

2. 抵免办法

表3–1　　　　　　　　　　　　　　　　所得税抵免办法

抵免方法	定义	适用范围
直接抵免	企业直接作为纳税人就其境外所得在境外缴纳的所得税额在我国应纳税额中抵免	1. 企业就来源于境外的营业利润所得在境外所缴纳的<u>企业所得税</u>； 2. 源于或发生于境外的股息、红利等权益性投资所得、利息、租金、特许权使用费、财产转让等所得在境外被源泉扣缴的<u>预提所得税</u>
间接抵免	境外企业就分配股息前的利润缴纳的外国所得税额中由我国居民企业就该项分得的股息性质的所得<u>间接负担</u>的部分，在我国的应纳税额中抵免	范围为居民企业从其符合规定的境外子公司取得的股息、红利等权益性投资收益所得

3. 境外所得抵免额的计算

表3–2　　　　　　　　　　　　　　　境外所得抵免额的计算

抵免限额	抵免限额＝来源于某国（地区）的应纳税所得额（境外税前所得额）×25%
实缴税额	境外实际缴纳的税额
比较确定	比较抵免限额和实缴税额大小：孰低的原则
注意	1. 企业应按照有关规定分国（地区）别计算境外税额的抵免限额； 2. 企业按照规定计算的当期境内、境外应纳税所得总额小于零的，应以零计算当期境内、境外应纳税所得总额，其当期境外所得税的抵免限额也为零； 3. 如果企业境内为亏损，境外盈利分别来自多个国家，则弥补境内亏损时，企业可以<u>自行选择弥补境内亏损的境外所得来源国家（地区）顺序</u>

五、境外所得间接负担税额的计算

（一）适用间接抵免的外国企业持股比例的计算

除国务院财政、由居民企业直接或者间接持有 20% 以上股份的外国企业，限于符合以下持股方式的三层外国企业：

第一层：单一居民企业直接持有 20% 以上股份的外国企业；

第二层：单一第一层外国企业直接持有 20% 以上股份，且由单一居民企业直接持有或通过一个或多个符合本条规定持股条件的外国企业间接持有总和达到 20% 以上股份的外国企业；

第三层：单一第二层外国企业直接持有 20% 以上股份，且由单一居民企业直接持有或通过一个或多个符合本条规定持股条件的外国企业间接持有总和达到 20% 以上股份的外国企业。

上述符合规定的"持股条件"是指，各层企业直接持股、间接持股以及为计算居民企业间接持股总和比例的每一个单一持股，均应达到 20% 的持股比例。

（二）间接负担税额的计算

境外投资收益实际间接负担的税额是符合规定持股条件的外国企业应分得的股息、红利等权益性投资收益中，从最低一层外国企业起逐层计算的属于由上一层企业负担的税额，计算公式如下：

本层企业所纳税额属于由一家上一层企业负担的税额 =（本层企业就利润和投资收益所实际缴纳的税额 + 符合规定的由本层企业间接负担的税额）× 本层企业向一家上一层企业分配的股息（红利）÷ 本层企业所得税后利润额

六、国际税收协定

国际税收协定是指两个或两个以上主权国家或地区，为了协调相互之间的税收分配关系，本着对等的原则，在有关税收事务方面通过谈判签订的一种书面协议。

考试套路一

考核法人居民身份一般判定标准

【例题　单选·2016 年真题】下列不属于法人居民身份一般判定标准的是

（　　）。

    A. 管理中心标准 　　　　　　B. 办公场所标准

    C. 资本控制标准 　　　　　　D. 总机构标准

【答案】B

【关键思路与解析】法人居民身份一般判定标准不包括办公场所标准。

- 【考试套路总结】- - - - - - - - - - - - - - - - - - - -

    本套路考核法人居民身份一般判定标准，当然考试中也会考核自然人居民身份判定标准，经过归纳总结，具体可见表3-3。

表3-3　　　　　　自然人居民身份判定标准和法人居民身份的判定标准

自然人居民身份的判定标准	住所标准	在一国境内拥有住所的个人
	居所标准	在某国短期停留、临时居住并达到一定期限
	停留时间标准	任何人在一国境内居住或停留达到一定时间以上
法人居民身份的判定标准	注册地标准	按本国的法律在本国成立的法人
	实际管理机构与控制中心所在地标准	公司的实际管理和控制中心设在本国
	总机构所在地标准	总机构设在本国的法人
	控股权标准	控制公司表决权的股东是哪一国的居民
	主要营业活动所在地标准	主要营业活动在哪国就是哪的法人居民

考试套路二

考核避免国际重复征税的方法

【例题　多选·2016年真题改编】减除国际重复征税居住国政府可选择采用的方法有（　　）。

    A. 免税法 　　　　B. 税收饶让 　　　　C. 抵免法

    D. 分国限额法 　　　E. 综合限额法

【答案】ABC

【关键思路与解析】国际上居住国政府可选择采用免税法、抵免法、税收饶让、扣除法和低税法等方法，减除国际重复征税，故选A、B、C。

首先举个例子：柯雪琴小姐是中国公民，但她业务范围涉猎甚广，在美国也有收入来源，那么无论她的收入来源来自哪里，都要对中国纳税，这是属人原则。Angelina 小姐是美国公民，但是她在中国取得一笔收入，那么她也要在中国纳税，这是属地原则。但是美国也是同样的属人属地原则，就造成国际间的重复征税。

各个国家基于不同的课税主权，因此各自所确立的税收管辖权范围和内容也有所不同。各国行使的税收管辖权的重叠便造成了国际间的重复征税。目前，国际上居住国政府可选择采用免税法、抵免法、税收饶让、扣除法和低税法等方法，减除国际重复征税，其中抵免法是普遍采用的方法。抵免法是指居住国政府对其居民取得的国内外所得汇总征税时，允许居民将其国外所得部分已纳税款从中扣减。其计算公式为：

$$居住国应征所得税额 = (\sum 国内外应税所得额 \times 居住国所得税率) - 允许抵免的已缴纳国外税额$$

考点二
国际避税与反避税、国际税收合作
（重要性：★★）

一、国际避税地

国际避税地也称避税港、"税务天堂""税收避难所"，是指能够为纳税人提供某种合法避税机会的国家和地区。

二、避税港类型

表 3 - 4　　　　　　　　　国际避税港类型、定义及举例

类型	定义	举例
第一种类	是指没有所得税和一般财产税的国家和地区	如开曼群岛、百慕大、格陵兰、索马里等地

类型	定义	举例
第二种类	是指那些虽开征某些所得税和一般财产税，但税负远低于国际一般负担水平的国家和地区，并对来源于境外的所得和营业活动提供特殊税收优惠待遇	如中国澳门地区、新加坡、瑞士、英属维尔京群岛、牙买加、巴林、以色列、黎巴嫩、摩纳哥、塞浦路斯、直布罗陀和列支敦士登
第三种类	仅实行地域管辖权，在这些国家和地区只对来源于境内的所得按照较低税率征税	如中国香港地区、埃塞俄比亚、利比里亚、巴拿马、哥斯达黎加、委内瑞拉、阿根廷
第四种类	是有规范税制但有某些税收特例或提供某些特殊税收优惠的国家和地区。在这些国家对国内一般公司征收正常的所得税，但对某些投资经营活动给予特殊的优惠待遇	如爱尔兰、英国、加拿大、希腊、卢森堡和荷兰

三、国际反避税基本方法

1. 防止通过纳税主体国际转移进行国际避税的一般措施。
2. 防止通过纳税客体实现国际转移进行国际避税的一般措施。
3. 防止利用避税地避税的措施。
4. 转让定价调整。
5. 加强税收多边合作。

四、国际税收合作

国际税收合作是指在开放经济条件下，税务主管当局为了应对税收征纳双方活动范围不对称问题，在国家税基国际化情况下控管国际税源，提高对跨国纳税人的税收征管水平，防止国际逃（避）税的发生，而进行的税收征收与管理合作，主要包括情报交换和征管互助。

考试套路一

考核国际避税港

【例题　多选·2016 年真题】下列属于对所得仅实行地域管辖权的国家和地区有（　　）。

A. 巴拿马　　　　　B. 英属维尔京群岛　　　　C. 塞浦路斯

D. 中国香港　　　　E. 中国澳门

【答案】AD

【关键思路与解析】所得税课征仅实行地域管辖权的国家和地区，仅就来源于本国（地区）的所得征税，如中国香港、巴拿马。

-------------------- 【考试套路总结】 --------------------

本套路考核国际避税港，理解这个套路需要将具体情况与国家或者地区相对应，详见表 3 - 5。

表 3 - 5　　　　　　　　　　国际避税港类型具体情况

种类	具体情况
第一种类型	没有所得税和一般财产税的国家和地区
第二种类型	所得税和一般财产税的税负远低于国际一般负担水平的国家和地区
第三种类型	仅实行地域管辖权，只对来源于境内的所得按照较低税率征税
第四种类型	有某些税收特例或提供某些特殊税收优惠的国家和地区

考试套路二

考核国际反避税基本方法

【例题　单选·2016 年真题】下列方法不属于国际反避税转让定价调整方法的是（　　）。

A. 可比利润法　　　　　　　　B. 再售价格法

C. 可比受控价格法　　　　　　D. 成本加利法

【答案】C

【关键思路与解析】转让定价调整方法主要有以下四种：可比非受控价格法、再售价格法、成本加利法、可比利润法。

-------------------- 【考试套路总结】 --------------------

本套路考核国际反避税基本方法，国际反避税基本方法具体理解见表 3 - 6。

表 3 – 6　　　　　　　　　　国际反避税措施及具体理解

国际反避税措施	具体理解
防止通过纳税主体国际转移进行国际避税的一般措施	自然人是"真正的，全部的"移居才予以承认 法人是有条件的允许，不承认以避税为目的的国际转移
防止通过纳税客体实现国际转移进行国际避税的一般措施	这里记住"正当交易原则"和"独立竞争"的标准
防止利用避税地避税的措施	在本国税法中作出相应规定，如国家税务总局 2016 年第 42 号公告
转让定价调整	规范关联方转让定价行为有权的实体性规则和程序性规则等一系列特殊税收制度规定的总称
加强税收多边合作	提供对跨国纳税人的税收征管水平，进行的税收征收与管理合作

【注明】可将此套路与专题一、考点十五里面的转让定价方法综合复习。

专题四

印花税、车船税、船舶吨税

本专题共有**3**个核心考点，**7**个考试套路，赶紧将**套路GET**到！

一、征税范围

（一）经济合同

表 4 – 1 印花税征税范围

类别	范围
1. 购销合同	包括供应、预购、采购、购销结合以及协作、调剂、补偿、易货等；还包括各出版单位与发行单位（不包括订阅单位和个人）之间订立的图书、报刊、音像征订凭证。 （1）发电厂与电网之间、电网与电网之间签订的购售电合同，征收印花税。 （2）电网与用户之间签订的供用电合同不征收印花税。 （3）以电子形式签订的各类应税凭证也需征税。
2. 加工承揽合同	加工、定做、修缮、修理、印刷、广告、测试、测绘等合同
3. 建设工程勘察设计合同	勘察、设计合同的总包合同、分包合同和转包合同
4. 建筑安装工程承包合同	建筑、安装工程承包合同的总包合同、分包合同和转包合同
5. 财产租赁合同	包括房屋租赁、船舶、飞机、机动车辆、机械、器具、设备等合同；还包括企业、个人出租门店、柜台等签订的合同，但不包括企业与主管部门签订的租赁承包合同
6. 货物运输合同	航空、铁路运输、海上运输、公路运输、内河运输和联运合同
7. 仓储保管合同	仓储、保管合同，以及作为合同使用的仓单、栈单等
8. 借款合同	银行及其他金融组织与借款人（不包括银行同业拆借）所签订的合同
9. 财产保险合同	包括财产、责任、保证、信用保险合同

续　表

类　别	范　围
10. 技术合同	包括技术开发、转让、咨询、服务等合同。 （1）技术转让合同，包括专利申请权转让和非专利技术转让，但不包括专利权转让、专利实施许可所书立的合同（后者属于"产权转移书据"合同）； （2）一般的法律、会计、审计等方面的咨询不属于技术咨询，其所立合同不贴印花； （3）技术合同包括技术服务合同、技术培训合同和技术中介合同

（二）产权转移书据

包括财产所有权、版权、商标专用权、专利权、专有技术使用权共 5 项产权的转移书据。土地使用权出让合同、土地使用权转让合同、商品房销售合同按照产权转移书据征收印花税。

（三）营业账簿

1. 资金账簿，是指记载"实收资本"和"资本公积"的账簿。

2. 其他营业账簿：除资金账簿以外的账簿，包括各类日记账、明细账。

● 自 2018 年 5 月 1 日起对纳税人设立的资金账簿按实收资本和资本公积合计金额征收的印花税减半，对按件征收的其他账簿免征印花税。

（四）权利、许可证照

房屋产权证、工商营业执照、商标注册证、专利证、土地使用证。（只就此五项）

（五）经财政部门确定征税的其他凭证

1. 各类凭证不论以何种形式或名称书立，只要其性质属于列举征税范围内的凭证，均应征税。

2. 适用于中国境内并在中国境内具备法律效力的应税凭证，无论在中国境内或境外书立，均应贴花。

二、纳税义务人

在我国境内书立、领受、使用属于征税范围内所列凭证的单位和个人。

三、税率

现行印花税采用比例税率和定额税率两种税率。

（一）比例税率

表4-2　　　　　　　　　　　　　印花税比例税率

税率	合　　同
1‰	财产租赁合同、仓储保管合同、财产保险合同
0.3‰	购销合同、建筑安装工程承包合同、技术合同
0.5‰	加工承揽合同、建设工程勘察设计合同、货物运输合同、产权转移书据、营业账簿中记载资金的账簿（自2018年5月1日起资金账簿按实收资本和资本公积合计金额减半征收）
0.05‰	借款合同

（二）定额税率

权利、许可证照：包括政府部门发给的房屋产权证、工商营业执照、商标注册证、专利证、土地使用证按件贴花五元 。（对按件征收的其他账簿免征印花税，政策从2018年5月1日起执行）

四、减免税优惠

基本优惠：

1. 已纳印花税的凭证的副本或抄本；但以副本或抄本作为正本使用的，另贴印花。

2. 财产所有人将财产赠给政府、社会福利单位、学校所立的书据。

3. 国家指定的收购部门与村民委员会、农民个人书立的农业产品收购合同。

4. 无息、贴息贷款合同。

5. 外国政府或者国际金融组织向我国政府及国家金融机构提供优惠贷款所书立的合同。

五、印花税的计税依据

（一）一般规定

1. 购销合同的计税依据为购销金额，不得作任何扣除，特别是调剂合同和易货合同，均应包括调剂、易货的全额。

2. 加工承揽合同的计税依据。

（1）受托方提供原材料及辅料，并收取加工费且分别注明的，原材料和辅料按购销合同计税贴花，加工费按加工承揽合同计税贴花。

（2）合同未分别记载原辅料及加工费金额的，一律就全部金额按加工承揽合同计税贴花。

（3）委托方提供原材料，受托方收取加工费及辅料，双方就加工费及辅料按加工承揽合同计算贴花。

3. 建设工程勘察设计合同的计税依据为勘察、设计收取的费用（即勘察、设计收入）。

4. 建筑安装工程承包合同的计税依据为承包金额，不得剔除任何费用。

5. 财产租赁合同的计税依据为租赁金额。

6. 货物运输合同的计税依据为取得的运输费金额，不包括所运货物的金额、装卸费和保险费等。

7. 仓储保管合同的计税依据为仓储保管的费用。

8. 借款合同的计税依据为借款金额。

9. 财产保险合同的计税依据为支付（收取）的保险费金额，不包括所保财产的金额。

10. 技术合同计税依据为合同所载的价款、报酬或使用费。

【说明】对技术开发合同，只就合同所载的报酬金额计税，研究开发经费不作为计税依据。但对合同约定按研究开发经费一定比例作为报酬的，应按一定比例的报酬金额计税贴花。

11. 产权转移书据。

计税依据：书据中所载的金额。

12. 营业账簿。

自 2018 年 5 月 1 日起资金账簿按实收资本和资本公积合计金额的 0.25‰征收，其他账簿免征。

13. 权利、许可证照。

计税依据：应税凭证件数，每件 5 元。

范围包括：房屋产权证、工商营业执照、商标注册证、专利证、土地使用证。

【易错点】不包括：税务登记证、卫生许可证、金融许可证等。

（二）特殊规定

1. 同一凭证，载有两个或两个以上经济事项而适用不同税目税率，分别记载金额的，分别计算，未分别记载金额的，按税率高的计税。

2. 按金额比例贴花的应税凭证，未标明金额的，应按照凭证所载数量及市场价格计算金额，依适用税率贴足印花。

3. 应税凭证所载金额为外国货币的，应按书立当日外汇牌价折合成人民币，计算应纳税额。

4. 应纳税额不足1角的，免纳印花税；1角以上的，其税额尾数不满5分的不计，满5分的按1角计算。对财产租赁合同的应纳税额超过1角但不足1元的，按1元贴花。

5. 应税合同在签订时纳税义务即已产生，不论合同是否兑现或是否按期兑现，均应贴花完税。（未按期兑现合同亦应贴花）

6. 已贴花的凭证，修改后所载金额增加的，其增加部分应当补贴印花税票。

考试套路一

考核印花税征税范围

【例题1 多选·2011年真题】下列合同应按照产权转移书据征收印花税的有（　　）。

A. 商品房销售合同

B. 专利申请转让合同

C. 专利实施许可合同

D. 非专利技术转让合同

E. 土地使用权出让合同

【答案】ACE

【关键思路与解析】商品房销售合同、专利实施许可合同、土地使用权出让合同属于产权转移书据，故选择A、C、E；专利申请转让合同、非专利技术转让合同属于技术合同，故选项B、D不选。

【套路－识坑避坑】产权转移书据包括财产所有权、版权、商标专用权、专利权（包含专利实施许可）、专有技术使用权。

【例题2　单选·2011年真题】合同及证照中，应缴纳印花税的是（　　）。

A. 税务登记证

B. 审计咨询合同

C. 贴息贷款合同

D. 发电厂与电网订立的购电合同

【答案】D

【关键思路与解析】发电厂与电网订立的购电合同属于购销合同，应缴纳印花税，故选项D正确；税务登记证和审计咨询合同不贴印花、贴息贷款合同免税。

【套路–识坑避坑】电网与用户之间签订的供用电合同不属于印花税列举征税的凭证，不征印花税。

-------------------- 【考试套路总结】 --------------------

印花税是比较古老的税种，所含税目比较多，对于印花税的征税范围和部分特殊之处，可以用口诀记忆。

【记忆口诀】征税项目13个，不征项目要记住，电网与人不征税，人寿、咨询要排除。

考试套路二
考核印花税纳税义务人

【例题　单选·2015年真题改编】下列单位或个人属于印花税纳税人的是（　　）。

A. 商品购销合同的担保人

B. 与用户签订供电合同的电网

C. 在国外领取专利证，在国内使用的单位

D. 发放土地证的土地管理局

【答案】C

【关键思路与解析】担保人不属于印花税的纳税人，故选项A不选；电网与用户之间签订的供用电合同不征印花税，故选项B不选；土地管理局不属于印花税纳税人，故选项D不选。

------------- 【考试套路总结】 -------------

本套路考核印花税的纳税义务人，具体可以根据表4-3理解记忆。

表4-3　　　　　　　　印花税的纳税义务人具体规定

纳税人	具体规定
立合同人	合同的当事人。当事人在两方或者两方以上的，各方均为纳税人。 不包括合同的担保人、证人、鉴定人
立据人	订立各种财产转移书据的，以立据人为纳税人。 如果立据人未贴印花或者少贴印花，书据的持有人应负责补贴印花。 所立书据以合同方式签订的，应由持有书据的各方分别按全额贴花
立账簿人	建立营业账簿的单位和个人
领受人	权利、许可证照的纳税人
使用人	在国外书立或领受，在国内使用应税凭证的单位和个人
各类电子应税凭证的签订人：指以电子形式签订的各类应税凭证的单位和个人	

【注意】对应税凭证，凡由两方或两方以上当事人共同书立应税凭证的，其当事人各方都是印花税的纳税人，应当由各方就所持凭证的各自金额贴花

考试套路三

考核减免税优惠

【例题　多选·2015年真题】下列合同或凭证，应缴纳印花税的有（　　　）。

A. 企业出租门店合同

B. 军事物资运输凭证

C. 已缴纳印花税的凭证副本

D. 房地产管理部门与个人签订的用于生产经营的租房合同

E. 专利证

【答案】ADE

【关键思路与解析】军事物资运输凭证，免征印花税，选项B不选；已缴纳印花税的凭证副本或抄本，免征印花税，选项C不选；对房地产管理部门与个人订

立的租房合同，凡用于生活居住的，暂免贴印花；用于生产经营的，应按规定贴花。

-------------------------------- 【考试套路总结】 --------------------------------

本套路考核印花税的减免税优惠，可以把免税项目通过类型的分类来理解，具体见表4-4。

表4-4　　　　　　　　　　　印花税税收优惠

免税项目	类型
房管部门与个人签订的用于<u>生活居住</u>的租赁合同 农牧业保险合同	与老百姓生活补贴相关
<u>公租房</u> 高校学生公寓租赁合同	与基础建设服务相关
无息、贴息贷款合同	不能为财政带来收入
已纳税的副本或抄本	已经交过印花税

考试套路四

考核计税依据和应纳税额的计算

【例题1　单选·2013年真题】甲运输公司2012年12月与某律师事务所签订一份法律咨询合同，合同约定咨询费金额共计100万元，另外作为承运方签订一份运输合同，总金额400万元，甲公司随后将其中的100万元运输业务转包给另一单位，并签订相关合同。该公司当月应缴纳印花税（　　）元。

A. 1500　　　　　B. 1800　　　　　C. 2500　　　　　D. 3000

【答案】C

【关键思路与解析】应缴纳印花税＝（400＋100）×0.5‰×10000＝2500（元）

【套路-识坑避坑】法律咨询合同，不缴纳印花税。

【例题2　单选·2016年真题】某公司签订甲、乙两份加工承揽合同，甲合同约定：由委托方提供主要材料600万元，受托方提供辅助材料40万元，并收取加工费50万元。乙合同约定：由受托方提供主要材料400万元，并收取加工费20万元。上述加工承揽合同应缴纳印花税（　　）元。

　　A. 1550　　　　　B. 1650　　　　　C. 1750　　　　　D. 2550

【答案】C

【关键思路与解析】应缴纳印花税 = （40 + 50）×0.5‰×10000 + 400×0.3‰×10000 + 20×0.5‰×10000 = 1750（元）。

【套路 - 识坑避坑】对于由受托方提供原材料的加工、定做合同，凡在合同中分别记载加工费和原材料金额的，应分别按"加工承揽合同""购销合同"计税，两项税额相加数，即为合同应贴印花；若合同中未分别记载，则应就全部金额依照加工承揽合同计税贴花。

　　对于由委托方提供主要材料或原料，受托方只提供辅助材料的加工合同，无论加工费和辅助材料是否分别记载，均以辅助材料和加工费的合计数，依照加工承揽合同计税贴花，对委托方提供的主要材料或原料金额不计税贴花。

------------------------------ 【考试套路总结】 ------------------------------

　　印花税的计税依据是合同订立的金额，不包括额外的费用（还原本身，不予附加），即合同写多少金额就以此金额计税，如果是含税价格，同样以含税价格作为计税依据。

　　以金额、收入、费用作为计税依据的，应当全额计税，不得做任何扣除。同一凭证记载两个或两个以上不同税率经济事项的（例如，购销合同和加工承揽合同，见图 4－1），分别记载金额的，应分别计算税额加总贴花，未分别记载金额的，按税率高的计税贴花。

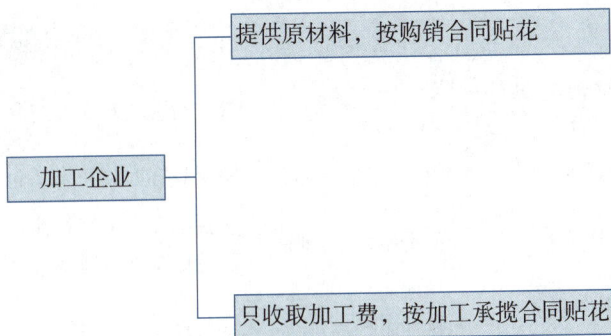

图 4 - 1　加工承揽合同计税依据辨析

　　若委托方提供原材料，受托方加工，则按加工承揽合同贴花。

> 考点二
> # 车船税
> （重要性：★★）

一、征税对象及范围

车船税的征税范围是指在中国境内属于车船税法规定的车辆、船舶。

1. 依法在车船登记管理部门登记的机动车辆和船舶；

2. 依法不需要在车船登记管理部门登记、在单位内部场所行驶或作业的机动车辆和船舶。

二、纳税人

在中华人民共和国境内，车辆、船舶（以下简称"车船"）的所有人或者管理人。

三、税目、税额

车船税实行定额税率（税额税率考试一般会给）。

表 4 - 5　　　　　　　　　　车船税税目

税目		计税单位	特别说明
乘用车按发动机汽缸容量（排气量分档）		每辆	核定载客人数9人（含）以下
商用车	客车	每辆	核定载客人数9人（包括电车）以上
	货车	整备质量—每吨	包括半挂牵引车、挂车、客货两用汽车、三轮汽车和低速载货汽车等
其他车辆	专用作业车 轮式专用机械车	整备质量—每吨	不包括拖拉机
	摩托车	每辆	
船舶	机动船舶	净吨位每吨	拖船、非机动驳船分别按照机动船舶税额的50%计算
	游艇	艇身长度每米	

（一）计税依据的确认

1. 税目范围由财政部、国家税务总局参照国家相关标准确定，省、自治区、直辖市根据本地区的情况可以适当调整。

2. 拖船按照发动机功率每 1 千瓦折合净吨位 0.67 吨计算征收车船税。

3. 车船税法所涉及的排气量、整备质量、核定载客人数、净吨位、功率（千瓦、马力）、艇身长度，以车船管理部门核发的<u>车船登记证书或者行驶证</u>相应项目所载数据为准。

4. 依法不需要办理登记的车船和依法应当登记而未办理登记或不能提供车船登记证书、行驶证的车船，以车船出厂合格证明或进口凭证标注的技术参数、数据为准；不能提供车船<u>出厂合格证明或者进口凭证</u>的，由主管税务机关参照国家相关标准核定，没有国家相关标准的参照同类车船核定。

5. 其他关注：

（1）挂车按照货车税额的 50% 计算；

（2）<u>非机动驳船、拖船</u>分别按机动船舶的 50% 计税。

（二）其他相关规定

1. 关于专用作业车的认定

对于在设计和技术特性上用于<u>特殊工作</u>，并装置有专用设备或器具的汽车，应认定为专用作业车，如汽车起重机、消防车、混凝土泵车、清障车、高空作业车、洒水车、扫路车等。

【提示】以载运人员或货物为主要目的的专用汽车，如<u>救护车，不属于专用作业车</u>。

2. 应纳税额计算的其他规定

（1）车船涉及的车辆整备质量、净吨位、艇身长度等计税单位，有尾数的一律按照含尾数的计税单位据实计算应纳税额；

（2）计算得出的应纳税额小数点后超过两位的可四舍五入保留两位小数；

（3）乘用车以车辆登记管理部门核发的机动车登记证或行驶证所载排气量确定税额区间。

3. 因质量问题退货退税

已经缴纳车船税的车船，因质量原因，车船被退回生产企业或者经销商的，纳税人可以向纳税所在地的主管税务机关申请退还自退货月份起至该纳税年度终了期间的税款。退货月份以退货发票所载日期的当月为准。

4. 境内外租赁船舶征税问题

境内单位和个人租入外国籍船舶的，不征收车船税。境内单位和个人将船舶出租到境外的，应依法征收车船税。

四、减免税优惠

（一）法定减免

1. 捕捞、养殖渔船。

2. 军队、武警部队专用的车船。

3. 警用车船。

4. 依照法律规定应当予以免税的外国驻华使领馆、国际组织驻华代表机构及其有关人员的车船。

5. 对节约能源的减半征税、使用新能源的车船免税；对受严重自然灾害影响纳税困难以及有其他特殊原因确需减税、免税的，可以减征或免征车船税。

（1）免税：纯电动汽车、燃料电池汽车和插电混合动力车；

（2）减半：其他混合动力汽车按照同类车辆适用税额减半征税。

6. 省、自治区、直辖市人民政府根据当地实际情况，可以对公共交通车船，农村居民拥有并主要在农村地区使用的摩托车、三轮汽车和低速载货汽车定期减征或者免征车船税。

（二）特定减免

1. 经批准临时入境的外国车船和港澳台的车船，不征车船税。

2. 按照规定缴纳船舶吨税的机动船舶，自《车船税法》实施之日起5年内免征车船税。

3. 在机场、港口内部行驶或作业的车船，自《车船税法》实施之日起5年内免征车船税。

五、应纳税额的计算

纳税人按照纳税地点所在的省、自治区、直辖市人民政府的具体适用税额缴纳车船税。车船税由地方税务机关负责征收。

1. 购置的新车船，购置当年的应纳税额自纳税义务发生的当月起按月计算。

$$应纳税额 = （年应纳税额 ÷ 12）× 应纳税月份数$$

2. 在一个纳税年度内，已完税的车船被盗抢、报废、灭失的，纳税人可以凭有关管理机关出具的证明和完税凭证，向纳税所在地的主管税务机关申请<u>退还自被盗抢、报废、灭失月份起至该纳税年度终了期间的税款</u>。

3. 已办理退税的被盗抢车船失而复得的，纳税人应当<u>从公安机关出具相关证明的当月</u>起计算缴纳车船税。

4. 在一个纳税年度内，纳税人在非车辆登记地由保险机构代收代缴车船税，且能够提供完税证明，则不再向车辆登记地的税务机关缴纳车船税。

5. 已缴纳车船税的车船在同一纳税年度内办理转让过户的，不另纳税，也不退税。

六、征收管理

（一）纳税期限

车船税纳税义务发生时间为取得车船所有权或者管理权的当月，即为购买车船的发票或者其他证明文件所载日期的<u>当月</u>为准。

1. 对于在国内购买的机动车，购买日期以《机动车销售统一发票》所载日期为准。

2. 对于进口机动车，购买日期以《海关关税专用缴款书》所载日期为准。

3. 对于购买的船舶，以船舶购买发票或其他证明文件所载日期的当月为准。

（二）纳税地点

车船税的纳税地点为车船的登记地或车船税扣缴义务人所在地。依法不需要办理登记的车船，车船税的纳税地点为车船的所有人或管理人所在地。

（三）申报缴纳

1. 车船税按年申报，分月计算，一次性缴纳。

2. 具体申报纳税期限由省级人民政府规定。

3. 税务机关可以在车船管理部门、车辆检验机构的办公场所集中办理车船税征收事宜。

4. <u>公安机关交通管理部门、海事部门、船舶检验机构</u>在办理车辆相关登记和定期检验手续时，对未提交依法纳税或者免税证明的，或者拒绝代收代缴的，不予以登记，不予发放检验合格标志。

5. 对于依法不需要购买机动车交通事故责任强制保险的车辆，纳税人应当向主管税务机关申报缴纳车船税。

6. 纳税人在<u>首次</u>购买机动车交通事故强制保险时缴纳车船税或者自行申报缴纳车船税的，应当提供购车发票及能够提供信息的相关凭证。

7. 负责船舶登记、检验的船舶管理部门或者船舶检验机构为船舶车船税的扣缴义务人，应当在登记、检验时依法代收车船税，并出具代收税款凭证。

8. 车船管理部门、车船检验机构、保险监督管理机构和税务机关应当共享车船信息。

考试套路一

考核车船税减免税优惠

【例题 1　多选·2016 年真题】下列车船，免征车船税的有（　　　）。

A. 警用车辆　　　　　　B. 纯电动汽车　　　　　　C. 救护车

D. 捕捞养殖渔船　　　　E. 财政拨款事业单位的办公用车

【答案】ABD

【关键思路与解析】救护车和财政拨款事业单位的办公用车需征收印花税，故 C、E 不选。

【例题 2　多选·2013 年真题】下列车船，自《车船税法》实施之日起 5 年内免征车船税的有（　　　）。

A. 城市内行驶的公共车辆

B. 使用新能源的车辆

C. 机场内部行驶的车辆

D. 农村居民拥有的车辆

E. 按照规定缴纳船舶吨税的机动船舶

【答案】CE

【关键思路与解析】机场内部行驶的车辆和按照规定缴纳船舶吨税的机动船舶符合规定，故选 C、E。

【例题 3　单选·2013 年真题】下列说法中不符合《车船税法》免税规定的是（　　　）。

A. 捕捞渔船免征车船税

B. 警用车船免征车船税

　　C. 混合动力车免征车船税

　　D. 国际组织驻华代表机构车辆免征车船税

【答案】C

【关键思路与解析】选项C：对纯电动汽车、燃料电池汽车和插电式混合动力汽车免征车船税，其他混合动力汽车按照同类车辆适用税额减半征收车船税。

-------------------------------- 【考试套路总结】 --------------------------------

　　掌握本套路在于清楚法定减免一般涉及的都是特殊车辆（警用、军队），特殊船只（捕捞、养殖），特殊人群（外国驻华使领馆、国际组织驻华代表机构及有关人员的车船），特殊能源（节约能源减半，新能源免税）。

　　特定减免涉及港澳台和外国的车船，另外两个特殊的车船是指不登记场内车船和缴纳船舶吨税的机动船，自《车船税法》实施之日起 5 年内免税。所谓特定减免，是指我国无法管辖的区域（外国）或者有优惠政策的区域（港澳台），已缴纳其他税种的车船（缴纳船舶吨税的机动船舶）和用处特别的车船（场内作业车船）。

考试套路二

考核车船税的应纳税额的计算

【例题 1　单选·2016 年真题】某公司 2016 年有如下车辆：货车 5 辆，每辆整备质量 10 吨；7 月购入挂车 2 辆，每辆整备质量 5 吨，公司所在地政府规定货车年税额 96 元/吨。2016 年该公司应缴纳车船税（　　）元。

　　A. 4800　　　　　　B. 5040　　　　　　C. 5280　　　　　　D. 5760

【答案】B

【关键思路与解析】应纳车船税 $= 5 \times 10 \times 96 + 2 \times 5 \times 96 \times 6 \div 12 \times 50\% = 5040$（元）

【套路 - 识坑避坑】挂车按照货车税额的 50% 征收，另外，车船税的纳税义务发生时间为取得车船管理权的当月。

【例题 2　单选·2013 年真题】某运输公司 2012 年有如下运输工具：运输卡车 10 辆，整备质量 12.4 吨/辆，4 月购入乘用车 12 辆，当月办理登记取得车辆行驶证，当地政府规定的乘用车车船税税额 1000 元/辆，运输卡车车船税税额 80 元/吨。

2012 年度该公司应缴纳车船税（　　）元。

A. 18920　　　　　B. 19000　　　　　C. 21920　　　　　D. 22000

【答案】A

【关键思路与解析】《车船税法》及其实施条例涉及的整备质量、净吨位、艇身长度等计税单位，有尾数的一律按照含尾数的计税单位据实计算车船税应纳税额。2012 年度该公司应缴纳的车船税 = 12.4 × 10 × 80 + 12 × 1000 × （12 − 3）/12 = 18920（元）。

---------------- 【 考试套路总结 】 ----------------

　　掌握本套路在于记住《车船税法》中涉及整备质量、净吨位、艇身长度等计税单位，有尾数的一律按照含尾数的计税单位据实计算车船税应纳税额。计算得出的应纳税额小数点后超过两位的可四舍五入保留两位小数。可以通过生活中的例子简单理解，小蝌蚪是有尾巴的，但是你不能剪掉它的尾巴，而是应该等它长大，尾巴自然退化，变成青蛙，这就是两个阶段。

　　挂车按照货车税额的 50% 计算车船税。我们可以通过挂车的构造加以记忆，挂车的车头和车身是可以分离的，那就是各占 50%。拖船、非机动驳船按照机动船舶税额的 50% 计算。

【提示】拖船按照发动机功率每 1 千瓦折合净吨位 0.67 吨。

考点三
船舶吨税
（重要性：★★）

一、征税范围

自中华人民共和国境外港口进入境内港口的船舶，应当缴纳船舶吨税。

二、税目、税额

表 4 – 6　　　　　　　　　　　　船舶吨税税目、税率表

税目 （按船舶净吨位划分）	税率（元/净吨）						备注
	普通税率 （按执照期限划分）			优惠税率 （按执照期限划分）			
	1 年	90 日	30 日	1 年	90 日	30 日	
不超过 2000 净吨	12.6	4.2	2.1	9.0	3.0	1.5	1. 拖船按照发动机功率每千瓦折合净吨位 0.67 吨； 2. 无法提供净吨位证明文件的游艇，按照发动机功率每千瓦折合净吨位 0.05 吨； 3. 拖船和非机动驳船分别按同净吨位船舶税率的 50% 计征税款
超过 2000 净吨，但不超过 10000 净吨	24.0	8.0	4.0	17.4	5.8	2.9	
超过 10000 净吨，但不超过 50000 净吨	27.6	9.2	4.6	19.8	6.6	3.3	
超过 50000 净吨	31.8	10.6	5.3	22.8	7.6	3.8	

注：拖船，是指专门用于拖（推）动运输船舶的专业作业船舶；非机动驳船，是指在船舶登记机关登记为驳船的非机动船舶。

三、税收优惠

（一）直接优惠

1. 应纳税额在人民币 50 元以下的船舶。

2. 自境外以购买、受赠、继承等方式取得船舶所有权的初次进口到港的空载船舶。

3. 吨税执照期满后 24 小时内不上下客货的船舶。

4. 非机动船舶（不包括非机动驳船）。

5. 捕捞、养殖渔船（在中华人民共和国渔业船舶管理部门登记为捕捞船或者养殖渔船的）。

6. 避难、防疫隔离、修理、终止运营或者拆解，并不上下客货的船舶。

7. 军队、武装警察部队专用或者征用的船舶。

8. 警用船舶。

9. 依照法律规定应当予以免税的外国驻华使领馆、国际组织驻华代表机构及其有关人员的船舶。

10. 国务院规定的其他船舶。

（二）延期优惠

在《吨税执照》期限内，应税船舶发生下列情形之一的，海关按照实际发生的天数批注延长《吨税执照》期限：

1. 避难、防疫隔离、修理、改造，并不上下客货；
2. 军队、武装警察部队征用。

应税船舶因不可抗力在未设立海关地点停泊的，船舶负责人应当立即向附近海光报告，并在不可抗力原因消除后，向海关申报纳税。

四、应纳税额的计算

$$应纳税额 = 船舶净吨位 \times 定额税率$$

五、纳税义务发生及纳税期限

1. 船舶吨税纳税义务发生时间为应税船舶进入港口的当日。
2. 船舶吨税由海关负责征收。海关征收船舶吨税应当制发缴款凭证。
3. 应税船舶在《吨税执照》期满后尚未离开港口的，应当申领新的《吨税执照》，自上一次执照期满的次日起续缴船舶吨税。
4. 应税船舶负责人应当自海关填发船舶吨税缴款凭证之日起 15 日缴清税款。

考试套路

考核船舶吨税应纳税额的计算

【例题　单选·教材例题改编】2018 年 6 月 30 日，A 国某运输公司一艘货轮驶入我国某港口，该货轮净吨位为 40000 吨，货轮负责人已向我国该海关领取了《吨税执照》，在港口停留期限为 30 天，A 国已与我国签订有相互给予船舶税费最惠国待遇条款，该货轮负责人应缴纳船舶吨税为（　　）元。

A. 132000　　　　B. 123000　　　　C. 184000　　　　D. 264000

【答案】A

【关键思路与解析】应纳税船舶吨税 = 40000 × 3.3 = 132000（元）

-------- 【考试套路总结】 --------

掌握本套路在于记住船舶吨税中涉及的船舶净吨位划分和执照期限划分，并且

注意几点比较容易考试出题的事项。第一，拖船按照发动机功率每 1 千瓦折合净吨位 0.67 吨。第二，无法提供净吨位证明文件的游艇，按照发动机功率每千瓦折合净吨位 0.05 吨。第三，拖船和非机动驳船分别按相同净吨位船舶税率的 50% 计征税款。

拖船的发动机功率折算净吨位方法要记住，拖船的内容可以同时考折算和 50% 计征税款，考试时候会比较容易考到，当然游艇是无法提供净吨位证明文件时候才需要折算，这点也要注意。

专题五

房产税、契税

本专题共有**2个核心考点**，**10个考试套路**，赶紧将**套路GET到**！

考点一 房产税 （★★）

考点二 契税 （★★）

房产税
（重要性：★★）

房产税以房屋为征税对象，按房屋的计税余值或租金收入为计税依据，向房屋产权所有人征收的一种财产税。

房产是以房屋形态表现的财产。房屋则是指有屋面和围护结构（有墙或两边有柱），能够遮风避雨，可供人们在其中生产、工作、学习、娱乐、居住或储藏物资的场所。

独立于房屋之外的建筑物，如围墙、烟囱、水塔、变电塔、油池油柜、酒窖菜窖、酒精池、糖蜜池、室外游泳池、玻璃暖房、砖瓦石灰窑以及各种油气罐等不属于房产。

一、房产税的征税范围

1. 在城市、县城、建制镇、工矿区征收。
2. 征收区域范围：不包括农村；建制镇不包括所辖的行政村。
3. 开征房产税的工矿区须经省级人民政府批准。

二、房产税的纳税人

房产税以在征税范围内的房屋产权所有人或房屋支配者为纳税人。

1. 产权属国家所有的，由经营管理单位纳税。
2. 产权属集体和个人所有的，由集体单位和个人纳税。
3. 产权出典的，由承典人纳税。
4. 产权所有人、承典人不在房屋所在地的，由房产代管人或者使用人纳税。
5. 产权未确定及租典纠纷未解决的，亦由房产代管人或者使用人纳税。
6. 无租使用其他房产的问题。纳税单位和个人无租使用房产管理部门、免税单位及纳税单位的房产，应由使用人代为缴纳房产税。

三、房产税税率

表 5-1 房产税税率

情　形	税　率
从价计征	1.2%
从租计征	12%
自 2008 年 3 月起对个人出租住房，不区分用途	4%

特殊规定：对企事业单位、社会团体以及其他组织按市场价格向个人出租用于居住的住房，减按4%的税率征收。

四、房产税减免税优惠

（一）减免税基本规定

1. 国家机关、人民团体、军队自用的房产免征房产税。

（免税单位的非自身业务使用的生产、营业用房，不免税）

2. 由国家财政部门拨付事业经费单位自用的房产免税。

（1）事业单位自用的房产，是指这些单位本身的业务用房。

（2）实行差额预算管理的事业单位，也属于由国家财政部门拨付事业经费的单位，对其本身自用的房产免征房产税。

（3）由国家财政部门拨付事业经费的单位，其经费来源实行自收自支后，应征收房产税。

3. 宗教寺庙、公园、名胜古迹自用的房产免征税。

宗教寺庙、公园、名胜古迹中附设的营业单位所使用的房产及出租的房产，不属于免税范围，应照章征税。

4. 个人拥有非营业用的房产免征税。

（二）减免税特殊规定

1. 企业办的各类学校、医院、托儿所、幼儿园自用的房产免税。

2. 经有关部门鉴定，对毁损不堪居住的房屋和危险房屋，在停止使用后，可免征房产税。

3. 自 2004 年 8 月 1 日起，对军队空余房产租赁收入暂免征收房产税。

4. 凡是在基建工地为基建工地服务的各种工棚、材料棚和办公室、食堂等临时性房屋在施工期间一律免征房产税。但是如果在基建工程结束以后，施工企业将这种临时性房屋交还或者估价转让给基建单位的，应当从基建单位接收的次月起，依照规定征收房产税。

5. 自 2004 年 7 月 1 日起，纳税人因房屋大修导致连续停用半年以上的，在房屋大修期间免征房产税。

6. 纳税单位与免税单位共同使用的房屋，按各自使用的部分划分，分别征收或免征房产税。

7. 老年服务机构自用的房产暂免征收房产税。

8. 对按政府规定价格出租的公有住房和廉租住房，包括企业和自收自支事业单位向职工出租的单位自有住房；房管部门向居民出租的公有住房；落实私房政策中带户发还产权并以政府规定租金标准向居民出租的私有住房等，暂免征收房产税。

9. 对于邮政部门坐落在城市、县城、建制镇、工矿区范围内的房产，应当依法征收房产税。

10. 对房地产开发企业建造的商品房，在出售前不征收房产税。但对出售前房地产开发企业已使用或出租、出借的商品房应按规定征收房产税。

11. 铁道部所属铁路运输企业自用的房产免征房产税（地方铁路运输企业自用房产比照铁道部所属铁路运输企业的政策执行）。

12. 对行使国家行政管理职能的中国人民银行总行（含国家外汇管理局）所属分支机构自用的房产，免征房产税。

13. 经营公租房所取得的租金收入免房产税。

14. 对高校学生公寓免征房产税。

15. 由财政部门拨付事业经费的文化单位转制为企业，自 2014 年 1 月 1 日至 2018 年 12 月 31 日止，自转制注册之日（工商登记注册之日）起对其自用房产免征房产税。

16. 自 2016 年 1 月 1 日起至 2018 年 12 月 31 日止，对饮水工程运营管理单位自用的生产办公用房产，免征房产税。

17. 自 2016 年 1 月 1 日至 2018 年 12 月 31 日，对专门经营农产品的农产品批发市场、农贸市场使用的房产、土地，暂免征收房产税。对同时经营其他产品的农产品批发市场和农贸市场使用的房产、土地，按其他产品与农产品交易场地面积的比例确定征免房产税。

五、房产税计税依据

（一）计税依据

房产税采用从价计征。计税方法分为按房产余值计税和按租金收入计税两种。

1. 从价计征

（1）计税依据：房产余值。

$$房产余值 = 房产原值 × （1 - 扣除比例）$$

扣除比例：10%～30%，具体减除比例，由省、自治区、直辖市人民政府确定。

适用范围：经营自用的房屋。

（2）计税依据的确定。

①房产原值是指纳税人按照会计制度规定，在账簿"固定资产"科目中记载的房屋原价。

②房产原值应包括与房屋不可分割的各种附属设备或一般不单独计算价值的配套设施。

【注意】凡以房屋为载体，不可随意移动的附属设备和配套设施，如给排水、采暖、消防、中央空调、电气及智能化楼宇设备等，无论在会计核算中是否单独记账与核算，都应计入房产原值，计征房产税。

③纳税人对原有房屋进行改建、扩建的，要相应增加房屋的原值。

④更换房屋附属设施和配套设施的，在将其价值计入房产原值时，可扣减原来相应设备和设施的价值；对附属设备和配套设施中易损坏，需要经常更换的零配件，更新后不再计入房产原值，原零配件的原值也不扣除。

⑤凡在房产税征收范围内的具备房屋功能的地下建筑，包括与地上房屋相连的地下建筑及完全建在地面以下的建筑、地下人防设施等，均征收房产税。

对于与地上房屋相连的地下建筑，如房屋的地下室、地下停车场、商场的地下部分等，应将地下部分与地上房屋视为一个整体按照地上房屋建筑征收房产税。

⑥对出租房产，租赁双方签订的租赁合同约定有免收租金期限的，免收租金期间由产权所有人按照房产原值交税。

⑦对按照房产原值计税的房产，无论会计上如何核算，房产原值均应包含地价，包括为取得土地使用权支付的价款、开发土地发生的成本费用等。

宗地容积率低于0.5的，按房产建筑面积的2倍计算土地面积并据此确定计入房产原值的地价。

⑧产权出典的房产，由承典人按余值缴纳房产税。

⑨其他规定：纳税人未按会计制度规定记载原值，在计征房产税时，应按规定调整房产原值。

2. 从租计征

计税依据：房产租金收入。

房屋的租金收入，是房屋产权所有人出租房屋使用权所取得的报酬，包括货币收入和实物收入。

【提示】对于出租房屋，以租金收入（不含增值税）为计税依据。

【补充】对出租房产，租赁双方签订的租赁合同约定有免收租金期限的，免收租金期间由产权所有人按照房产原值缴纳房产税。

（二）特殊规定

1. 对投资联营的房产

（1）以房产联营投资，投资者参与投资利润分红，共担经营风险的，以房产余值为计税依据计征房产税；

（2）以房产联营投资，收取固定收入，不承担经营风险，只收取固定收入的，实际是以联营名义取得房产租金，因此应由出租方按租金收入计征房产税。

2. 融资租赁的房产

融资租赁的房产，由承租人自融资合同约定开始日的次月起依据房产余值缴纳；合同未约定开始日的，由承租人自合同签订的次月起计算缴纳。

3. 居民住宅区内业主共有的经营性房产

对居民住宅区内业主共有的经营性房产，由实际经营（包括自营和出租）的代管人或使用人缴纳房产税。

（1）自营的——依照房产余值计征。

【提示】没有房产原值或不能将共有住房划分开的，由房产所在地地方税务机关参照同类房产核定房产原值。

（2）出租的——依照租金收入计征。

六、房产税应纳税额的计算

表5-2　　　　　　　　房产税应纳税额的计税方法分类情况

计税方法	计税依据	税额计算公式
从价计征	房产计税余值	全年应纳税额＝应税房产原值×（1－扣除比例）×1.2%
从租计征	房屋租金	全年应纳税额＝年不含增值税的租金收入×12%（或4%）

【注意】地下建筑物。

1. 独立地下建筑物

（1）工业用途房产，以房屋原价的50%~60%作为应税房产原值；

（2）商业和其他用途房产，以房屋原价的70%～80%作为应税房产原值。

上述房产的应纳税额＝应税房产原值×（1－扣除比例）×1.2%

2. 出租的地下建筑

出租的地下建筑，按照出租地上房屋建筑的有关规定计算征收房产税。

七、房产税征收管理

（一）纳税义务发生时间

1. 原有房产用于生产经营的，从生产经营之月起缴纳房产税。

2. 纳税人自建房屋用于生产经营，自建成次月起缴纳房产税。

3. 纳税人委托施工企业建房的，从办理验收手续之日的次月起纳税；在办理验收手续前已使用或出租、出借的新建房屋，从当月起计征房产税。

4. 纳税人购置新建商品房，自房屋交付使用次月起缴纳房产税。

5. 纳税人购置存量房地产，自房产证签发次月起缴纳房产税。

6. 纳税人出租、出借房产，自交付出租、出借房产之次月起缴纳房产税。

7. 房地产开发企业自用出租、出借本企业建造的商品房，自房产使用或交付次月起缴纳房产税。

（二）纳税期限

房产税实行按年计算、分期缴纳的征收方法。具体纳税期限由省、自治区、直辖市人民政府确定。

（三）纳税地点

房产税在房产所在地缴纳；房产不在同一地方的纳税人，应按房产的坐落地点分别向房产所在地的税务机关纳税。

考试套路一

考核房产税的征税范围和纳税人

【例题1　多选·2016年真题】下列关于房产税纳税人及缴纳税款的说法，正确的有（　　）。

A. 租赁合同约定有免收租金期限的出租房产，免收租金期间不需缴纳房产税

B. 融资租赁的房产未约定开始日的，由承租人自合同签订当日起缴纳房产税

C. 无租使用其他单位房产的应税单位和个人，由使用人代为缴纳房产税

D. 产权出典的，由承典人缴纳房产税

E. 产权出租的，由出租人缴纳房产税

【答案】CDE

【关键思路与解析】租赁合同约定有免收租金期限的出租房产，免收租金期间由产权所有人按照房产原值缴纳房产税，故选项 A 错误；融资租赁的房产，由承租人自租赁合同约定开始日的次月起依照房产余值缴纳房产税。合同未约定开始日的，由承租人自合同签订的次月起依照房产余值缴纳房产税，故选项 B 错误；纳税单位和个人无租使用房产管理部门、免税单位及纳税单位的房产，应由使用人代为缴纳房产税，选项 C、D、E 正确。

【例题2　单选·2016 年真题】下列房屋附属设备、配套设施，在计算房产税时不应计入房产原值的是（　　）。

A. 消防设备

B. 智能化楼宇设备

C. 中央空调

D. 室外露天游泳池

【答案】D

【关键思路与解析】室外露天游泳池不应计入房产原值。

【例题3　单选·2009 年真题】下列各项中，符合房产税纳税人规定的是（　　）。

A. 房屋出典的，由出典人纳税

B. 房屋出租的，由承租人纳税

C. 房屋产权未确定的，由代管人或使用人纳税

D. 个人无租使用纳税单位的房产，由纳税单位缴纳房产税

【答案】C

【关键思路与解析】选项 A：房屋产权出典的，由承典人纳税；选项 B：房屋出租的，由出租人纳税；选项 D：纳税单位和个人无租使用房产管理部门、免税单位、纳税单位的房产，由使用人代为缴纳房产税。

-------------------------------【考试套路总结】-------------------------------

一般情况下，谁拥有产权谁缴纳房产税。但是有几个特殊点需要注意：

第一，产权出典的由承典人纳税，因为在出典后出典人对房屋没有处分权。出典带有融资租赁性质，房屋出典期间，承典人有房屋支配权。

【提示】房屋出典是指承典人支付房屋典价而占有、使用出典人的房屋，出典人于典期届满时，返还典价赎回房屋或者不回赎而丧失房屋所有权的法律制度。

第二，产权有纠纷时，此时不能分清产权属于谁，由房产代管人或使用人纳税。

第三，对于纳税单位和个人无租使用房产管理部门、免税单位及纳税单位，由使用人代为缴纳。

对于征税范围，第一，我们讲的房产税的房产是指有房屋这种有整体结构和功能的建筑物和不动产。比如，不具备上述特征的有烟囱、水塔、围墙、游泳池等（没有顶）。第二，我们所讲的房产税的房产在会计核算中是指固定资产。房地产企业在出售前属于存货，不要征收房产税，对待售的商品房自用、出租、出借的，在会计上将存货重分类为固定资产则要缴纳房产税。第三，对于农村房产，不征房产税。

考试套路二

考核房产税减免税优惠

【例题1 多选·2013年真题】下列房产，可以免征房产税的有（   ）。

A. 停止使用半年以上的危险房产

B. 出租的名胜古迹空余房产

C. 企业办的各类学校自用的房产

D. 中国人民保险公司自用的房产

E. 国有企业自办的幼儿园自用的房产

【答案】ACE

【关键思路与解析】出租的名胜古迹空余房产和中国人民保险公司自用的房产不免征房产税，故选项B、D错误。

【例题2 多选·2014年真题】下列房产中，经财政部和国家税务总局批准可以免征房产税的有（   ）。

A. 国家机关自用房产

B. 公园附设的影剧院

C. 老年服务机构自用的房产

D. 中国人寿保险公司自用的房产

E. 国有企业自办的幼儿园自用的房产

【答案】CE

【关键思路与解析】选项A：国家机关自用房产属于法定免征房产税；选项B、D：属于应税房产，应照章缴纳房产税。

-------------------------- 【考试套路总结】 --------------------------

本套路考核房产税减免税优惠。房产税享有税收优惠的主要是公有的、自用的、非营利的房产。对于个人所有的非营业用的房产（自用或自住的、非营业用的）免征房产税。不然所有自住的房都要征收房产税，税负太重，不合理。对于减免税特殊项目，我们要注意其中的一些条件，例如，危房要在"停止使用后"，工棚在"施工期间"，大修理要"停用半年以上，并且是停用期间"等。

考试套路三
考核房产税应纳税额的计算

【例题1　单选·2016年真题】某公司2014年购进一处房产，2015年5月1日用于投资联营（收取固定收入，不承担联营风险），投资期3年，当年取得固定收入160万元。该房产原值3000万元，当地政府规定的房产计税余值的扣除比例为30%。该公司2015年应缴纳的房产税为（　　）万元。

A. 21.2　　　　　　B. 27.6　　　　　　C. 29.7　　　　　　D. 44.4

【答案】B

【关键思路与解析】2015年应缴纳的房产税 = 3000 × （1 - 30%）× 1.2% × 4 ÷ 12 + 160 × 12% = 27.6（万元）。

【套路 - 识坑避坑】该公司自5月1日起对外投资联营，收取固定收入，视为出租，以取得的固定收入从租计税。

【例题2　单选·2015年真题】某企业2015年2月委托一施工单位新建厂房，9月对新建的厂房办理验收手续，转作固定资产1000万元，同时接收基建工程价值100万元的工棚，该企业所在地规定计算房产余值的扣除比例为30%。2015年企业应就上述资产缴纳房产税（　　）万元。

A. 2.1　　　　　　B. 2.8　　　　　　C. 3.05　　　　　　D. 2.31

【答案】D

【关键思路与解析】应缴纳的房产税 = （1000 + 100）× （1 - 30%）× 1.2% × 3 ÷ 12 = 2.31（万元）

【套路 - 识坑避坑】要注意纳税人委托施工企业建设的房屋，从办理验收手续之次月起，缴纳房产税。

【例题3 单选·2013年真题】某企业2012年有一处地下建筑物，为商业用途房产（房产原值80万元），10月底将其出售。当地政府规定房产税减除比例为30%，商业用途地下建筑房产以原价的70%作为应税房产原值。2012年该企业应缴纳房产税（   ）元。

A. 3920　　　　　B. 4312　　　　　C. 4704　　　　　D. 4820

【答案】A

【关键思路与解析】该企业应缴纳房产税 = 80 × 70% × （1 - 30%）× 1.2% × 10000 × 10 ÷ 12 = 3920（元）。

【例题4 单选·2010年真题】某企业有厂房一栋原值200万元，2009年年初对该厂房进行扩建，2009年8月底完工并办理验收手续，增加了房产原值45万元，另外，对厂房安装了价值15万元的排水设备并单独作固定资产核算。已知当地政府规定计算房产余值的扣除比例为20%，2009年该企业应缴纳房产税（   ）元。

A. 20640　　　　　B. 21000　　　　　C. 21120　　　　　D. 21600

【答案】C

【关键思路与解析】纳税人对原有房屋进行改建、扩建的，要相应增加房屋的原值。厂房的排水设备不管会计核算中是否单独记账与核算，都应计入房产原值，计征房产税。2009年该企业应缴纳房产税 = 200 × （1 - 20%）× 1.2% ÷ 12 × 8 × 10000 + （200 + 45 + 15）× （1 - 20%）× 1.2% ÷ 12 × 4 × 10000 = 21120（元）。

-------------------------------- 【考试套路总结】 --------------------------------

房产原值应包含为取得土地使用权支付的价款、开发土地发生的成本费用等，还包括与房屋不可分割的各种附属设备（暖气、电梯等经常会出现在考题里）。注意题目中涉及建筑面积和土地面积时，一定要计算一下宗地容积率，以免掉坑里。

对于单独地下建筑物的房产税，我们就看该地下建筑物的用途，一般分工业用途和商业等其他用途。计算公式如下：

应纳税额 = 应税房产原值 × （50%~80%） × （1 - 扣除比例） ×1.2%

【注意】房产税的税率是年税率，所以要结合纳税义务发生时间乘以相应的时间比例。

对于地上地下相连的建筑物，我们要把它看成一个整体。例如大型超市商场，按照地上建筑物的规定征收房产税。计算公式如下：

应纳税额 = （地上面积 + 地下面积） × （1 - 扣除比例） ×1.2%

考试套路四

考核房产税纳税义务发生时间

【例题1　多选·2015年真题】下列有关房产税纳税义务发生时间的说法，正确的有（　　）。

A. 购置存量房，自房地产权属登记机关签发房屋权属证书之次月起计征房产税

B. 委托施工企业建设的房屋，从办理验收手续之日的次月起计征房产税

C. 购置新建商品房，自房地产权属登记机关签发房屋权属证书之次月起计征房产税

D. 房地产开发企业自用本企业建造的商品房，自房屋使用或交付之次月起计征房产税

E. 将原有房产用于生产经营，从生产经营之次月起计征房产税

【答案】ABD

【关键思路与解析】购置新建商品，自交付使用的次月起计征房产税，故C选项错误；将原有房产用于生产经营，从生产经营之月起计征房产税，故E选项错误。

【例题2　多选·2012年真题】关于融资租赁房产的房产税处理，下列说法正确的有（　　）。

A. 由承租人在合同约定开始日的次月起，按照房产余值缴纳房产税

B. 由出租人在合同约定开始日的次月起，按照房产余值缴纳房产税

C. 合同未约定开始日的，由承租人在合同签订的次月起依照房产余值缴纳房产税

D. 合同未约定开始日的，由出租人在合同签订的当月起依照房产余值缴纳房产税

E. 合同未约定开始日的，由承租人在合同签订的当月起依照房产余值缴纳房产税

【答案】 AC

【关键思路与解析】 融资租赁的房产，由承租人自融资租赁合同约定开始日的次月起依照房产余值缴纳房产税；合同未约定开始日的，由承租人自合同签订的次月起依照房产余值缴纳房产税，故选 A、C。

-------------------- 【 考试套路总结 】 --------------------

这里的套路是房产税的纳税义务发生时间，只有原有房产用于生产经营和办理验收手续前已使用的情况是当月起缴纳房产税，其他情况都是次月起缴纳房产税，而新征用的耕地是 1 年以后交。切记：什么方式取得的房产在什么时机缴纳房产税。比如，委托施工企业建设的房屋是在办理验收手续的次月起纳税，而不是建成的次月。

考点二
契税
（重要性：★★）

一、契税概念

契税是在境内转移土地、房屋权属为征税对象，向产权承受人征收的一种财产税。

二、契税特点

契税属于财产转移税；契税由财产承受人缴纳。

三、契税立法原则

1. 广辟财源，增加地方财政收入。
2. 保护合法产权，避免产权纠纷。

3. 调节财富分配，体现社会公平。

四、契税征税范围

契税的征税对象为发生土地使用权和房屋所有权权属转移的土地和房屋。

契税征税范围包括：国有土地使用权出让；土地使用权转让，包括出售、赠与和交换；房屋买卖。

（一）国有土地使用权出让

国家以土地所有者的身份将土地使用权在一定年限内让渡给土地使用者，并由土地使用者向国家支付土地使用权出让金的行为。

（二）土地使用权的转让

土地使用者将土地使用权再转移的行为。可以使用出售、交换、赠与的方式。土地使用权的转让不包括农村集体土地承包。

（三）房屋买卖

1. 以房产抵债或实物交换房屋

经当地政府和有关部门批准，以房抵债和实物交换房屋，均视同房屋买卖，应由产权承受人，按房屋现值缴纳契税。

2. 以房产作投资或作股权转让

属于房屋产权转移，视同房屋买卖，由产权承受方按投资房产价值或买价缴纳契税。

以自有房产作股投入本人独资经营的企业，免征契税。

3. 买房拆料或翻建新房：应照章征收契税

（四）房屋赠与

1. 房屋的受赠人要按规定缴纳契税。

2. 以获奖方式取得房屋产权的，其实质是接受赠与房产，应照章缴纳契税。

3. 对于个人无偿赠与不动产行为，应对受赠人全额征收契税，在缴纳契税时，纳税人须提交经税务机关审核并签字盖章的《个人无偿赠与不动产登记表》，税务机关（或其他征收机关）应在纳税人的契税完税凭证上加盖"个人无偿赠与"印章，在《个人无偿赠与不动产登记表》中签字并将该表格留存。

（五）房屋交换

1. 双方交换价值相等，免纳契税；

2. 交换价值不相等，按超出部分由支付差价方缴纳契税。

（六）企事业单位改制重组中的契税政策

1. 企业公司制改造

（1）非公司制企业整体改建公司的，对改建后的公司承受原企业土地、房屋权属，免征契税。

（2）非公司制国有独资企业或国有独资有限责任公司，以其部分资产与他人组建新公司，且该国有独资企业（公司）在新设公司中所占股份超过50%的，对新设公司承受该国有独资企业（公司）的土地、房屋权属，免征契税。

（3）国有控股公司以部分资产投资组建新公司，且该国有控股公司占新公司股份85%以上的，对新公司承受该国有控股公司土地、房屋权属，免征契税。

2. 企业股权转让

股权转让不涉及土地、房屋权属转移的，不征收契税。

3. 企业合并

企业合并改建为一个企业，且原投资主体存续的，对其合并后的企业承受原合并各方的土地、房屋权属，免征契税。

4. 企业分立

企业分设为两个或两个以上投资主体相同的企业，对派生方、新设方承受原企业土地、房屋权属，不征收契税。

5. 企业出售

国有、集体企业出售，被出售企业法人予以注销，并且买受人按《劳动法》等国家有关政策妥善安置原企业全部职工，其中与原企业30%以上职工签订服务年限不少于3年的劳动用工合同的，对其承受所购企业的土地、房屋权属，减半征收契税；与原企业全部职工签订服务年限不少于3年的劳动用工合同的，免征契税。

6. 企业破产

企业破产后，债权人（包括破产企业职工）承受注销、破产企业土地、房屋权属以抵偿债务的，免征契税；

对非债权人承受注销、破产企业土地、房屋权属，凡按法律规定妥善安置原企业全部职工，其适用契税政策同企业出售一样。（见前第五点）

7. 债权转股权

经国务院批准实施债权转股权的企业，对债权转股权后新设立的公司承受原企业的土地、房屋权属，免征契税。

8. 资产划转

（1）对承受县级以上政府或国有资产管理部门按规定进行行政性调整、划转国有土地、房屋权属的单位，免征契税。

（2）同一投资主体内部所属企业之间土地、房屋权属的划转，免征契税。

9. 事业单位改制

（1）事业单位按规定改制为企业，投资主体没有发生变化的，改制后的企业承受原事业单位土地、房屋权属，免征契税。

（2）若投资主体发生变化的，改制后的企业安置原事业单位全部职工，其适用契税政策同企业出售一样。

10. 其他规定

以出让方式或国家作价出资（入股）方式承受原改制重组企业、事业单位划拨用地的，不属上述免税范围，承受方应纳契税。

（七）房屋附属设施有关契税政策

1. 对于承受与房屋相关的附属设施所有权或土地使用权的行为，征收契税；对于不涉及土地使用权和房屋所有权转移的，不征收契税。

2. 采取分期付款方式购买房屋附属设施土地使用权、房屋所有权的，应按合同总价款计征契税。

3. 承受的房屋附属设施权属如为单独计价的，按当地适用税率计税；如与房屋统一计价的，适用与房屋相同税率。

4. 对承受国有土地使用权应支付的土地出让金，要征收契税，不得因减免出让金而减免契税。

5. 对纳税人因改变土地用途而签订土地使用权出让合同变更协议或重新签订土地使用权出让合同的，应征收契税。

【提示】计税依据为因改变土地用途应补缴的土地收益金及应补缴政府的其他费用。

6. 土地使用者将土地使用权及所附建筑物、构筑物等转让给他人的，应按转让总价款计税。

7. 土地使用者转让、抵押或置换土地，无论其是否取得了该土地的使用权属证书，无论其在转让、抵押或置换土地过程中是否与对方当事人办理了土地使用权属证书变更登记手续，只要土地使用者<u>享有占有、使用、收益或处分该土地的权利</u>，且有合同等证据表明其实质转让、抵押或置换了土地并取得了相应的经济利益，土地使用者及其对方当事人应当依照税法规定缴纳契税。

五、契税减免优惠

（一）契税减免基本规定

1. 国家机关、事业单位、社会团体、军事单位承受土地、房屋用于办公、教学、医疗、科研和军事设施的，免征契税。

2. 城镇职工按规定第一次购买公有住房的，免征契税。（出售给职工的公有制单位的集资建成或单位购买的普通住房比照）

3. 因不可抗力丧失住房而重新购买住房的，酌情准予减征或者免征契税。

4. 土地、房屋被县级以上人民政府征用、占用后，重新承受土地、房屋权属的，由省级人民政府确定是否减免。

5. 承受荒山、荒沟、荒丘、荒滩土地使用权，并用于农、林、牧、渔业生产的，免征契税。

6. 依照我国有关法律规定以及我国缔结或参加的双边和多边条约或协定的规定应当予以免税的外国驻华使馆、领事馆、联合国驻华机构及其外交代表、领事官员和其他外交人员承受土地、房屋权属的，经外交部确认，可以免征契税。

7. 对国有控股公司以部分资产投资组建新公司，且该国有控股公司占新公司股份85%以上的，对新公司承受该国有控股公司的土地、房屋权属免征契税。

（二）其他减征、免征契税项目

1. 售后回租方式进行融资等有关契税政策：

（1）对金融租赁公司开展售后回租业务，承受承租人房屋、土地权属的，照章征税。对售后回租合同期满，承租人回购原房屋、土地权属的，免征契税。

（2）以"招拍挂"方式出让国有土地使用权的，纳税人为最终与土地管理部门签订出让合同的土地使用权承受人。

（3）市、县级人民政府根据规定征收居民房屋，居民因个人房屋被征收而选择货币补偿用以重新购置房屋，并且购房成交价格不超过货币补偿的，对新购房屋免征契税；购房成交价格超过货币补偿的，对差价部分按规定征收契税。居民因个人房屋被征收而选择房屋产权调换，并且不缴纳房屋产权调换差价的，对新换房屋免征契税；缴纳房屋产权调换差价的，对差价部分按规定征收契税。

（4）企业承受土地使用权用于房地产开发，并在该土地上代政府建设保障性住房的，计税价格为取得全部土地使用权的成交价格。

（5）单位、个人以房屋、土地以外的资产增资，相应扩大其在被投资公司的股权持有比例，无论被投资公司是否变更工商登记，其房屋、土地权属不发生转移，不征收契税。

（6）个体工商户的经营者将其个人名下的房屋、土地权属转移至个体工商户名下，或个体工商户将其名下的房屋、土地权属转回原经营者个人名下，免征契税。（合伙企业的合伙人和合伙企业之间与之相同）

2. 对国家石油储备基地第一期项目建设过程中涉及的契税予以免征。

3. 个人购买家庭唯一住房的普通住房、经济适用住房，在法定税率基础上减半征收。

4. 在婚姻关系存续期间，房屋、土地权属原归夫妻一方所有，变更为夫妻双方共有或另一方所有的，或者房屋、土地权属原归夫妻双方共有，变更为其中一方所有的，或者房屋、土地权属原归夫妻双方共有，双方约定、变更共有份额的，免征契税。

5. 已缴纳契税的购房者，权属变更前退房的，退税，变更后退房的，不退税。

6. 公租房经管单位购买住房作为公租房的，免契税。

7. 对经营管理单位回购已分配的改造安置住房继续作为改造安置房源的，免征契税。

8. 对经营性文化事业单位转制中资产评估增值、资产转让或划转涉及的契税，自 2014 年 1 月 1 日至 2018 年 12 月 31 日止，符合现行规定的享受相应税收优惠政策。

9. 为支持鲁甸地震灾后恢复重建工作，自 2014 年 8 月 3 日起至 2016 年 12 月 31 日止，对受灾居民购买安居房，免征契税；对在地震中毁损的应缴而未缴契税的居民住房，不再征收契税。

10. 对饮水工程运营管理单位为建设饮水工程而承受土地使用权，免征契税。

11. 对个人购买家庭唯一住房，面积为 90 平方米以下的，减按 1% 的税率征收契税；面积为 90 平方米以上的，减按 1.5% 的税率征收契税。

12. 对个人购买家庭第二套改善性住房，面积为 90 平方米及以下的，减按 1% 的税率征收契税；面积为 90 平方米以上的，减按 2% 的税率征收契税。

13. 法定继承人继承土地、房屋权属、不征契税。

六、契税的计税依据

1. 土地使用权出售、房屋买卖，其计税依据为成交价格。

2. 土地使用权赠与、房屋赠与，其计税依据由征收机关参照土地使用权出售、房屋买卖的市场价格核定。

3. 土地使用权交换、房屋交换，其计税依据是所交换的土地使用权、房屋的价格差额。

4. 房屋买卖的契税计税价格为房屋买卖合同的总价款，买卖装修的房屋，装修费用应包括在内。

5. 国有土地使用权出让，其计税依据为承受人为取得该土地使用权而支付的全部经济利益。

七、契税的应纳税额计算

计算公式：

$$应纳税额 = 计税依据 \times 税率$$

应纳税额以人民币计算。转移土地房屋权属以外汇结算的，按照纳税义务发生之日中国人民银行公布的人民币市场汇率中间价格，折合成人民币计算。

八、契税的征收管理

1. 契税的纳税义务发生时间是纳税人签订土地、房屋权属转移合同的当天，或者纳税人取得其他具有土地、房屋权属转移合同性质凭证的当天。

2. 纳税人应当自纳税义务发生之日起 10 日内，向土地、房屋所在地的契税征收机关办理纳税申报。

3. 契税在土地、房屋所在地的征收机关缴纳。

4. 纳税人办理纳税事宜后，征收机关应向纳税人开具契税完税凭证。

5. 根据人民法院、仲裁委员会的生效法律文书发生土地、房屋权属转移，纳税人不能取得销售不动产发票的，可持人民法院执行裁定书原件及相关材料办理契税纳税申报，税务机关应予受理。

6. 购买新建商品房的纳税人在办理契税纳税申报时，由于销售新建商品房的房地产开发企业已办理注销税务登记或者被税务机关列为非正常户等原因，致使纳税人不能取得销售不动产发票的，税务机关在核实有关情况后应予受理。

考试套路一

考核契税的概念、特点、立法原则

【例题　多选·2013年真题】下列关于契税的特点及立法原则的说法，正确的有（　　）。

A. 契税是地方税种

B. 契税属于财产转移税

C. 契税由财产售卖人缴纳

D. 契税有利于通过法律形式确定产权关系

E. 契税有助于调节财富分配，体现社会公平

【答案】BDE

【关键思路与解析】选项A：题目说的是关于契税的特点和立法原则，而A选项不属于；选项C：契税由财产承受人缴纳。

------------------ 【考试套路总结】 ------------------

本套路考点在于明晰：契税是财产转移税，对产权承受人征收，这样有利于调节财富分配，体现社会公平。

考试套路二

考核契税征税范围

【例题1　单选·2010年真题】下列情形中应征收契税的是（　　）。

A. 以自有房产作股投入本人经营的独资企业

B. 非债权人承受破产企业土地和房屋权属

C. 有限责任公司整体改造为股份有限公司，改建后的公司承受原企业的土地和房屋权属

D. 国有控股公司以部门资产组建新公司，该国有控股公司占新公司股份90%，新公司承受该国有控股公司的土地和房屋权属

【答案】B

【关键思路与解析】对非债权人承受注销、破产企业土地、房屋权属，凡按照《劳动法》等国家有关法律法规政策妥善安置原企业全部职工，其中与原企业30%

以上职工签订服务年限不少于 3 年的劳动用工合同的，对其承受所购企业的土地、房屋权属，减半征收契税；与原企业全部职工签订服务年限不少于 3 年的劳动用工合同的，免征契税。本题中选项 B 未表示有免税条件，故应征收契税。

【例题2　单选·2015 年真题】下列关于契税的说法中，错误的是（　　）。

A. 以自有房产作股投入本人经营的独资企业，免于缴纳契税

B. 承受的房屋附属设施权属与房屋统一计价的，适用与房屋相同的契税税率

C. 以协议方式出让国有土地使用权的，由承受人按土地基准地价缴纳契税

D. 以房抵债，应视同房屋买卖，应由产权承受人按房产现值缴纳契税

【答案】C

【关键思路与解析】以协议方式出让国有土地使用权的，由承受人按成交价格缴纳契税。故应选 C。

-------------------------------【考试套路总结】-------------------------------

掌握此套路在于记住：只要产权发生变更就要考虑缴纳契税，谁获得产权谁缴纳契税。这里我们说的产权是指不动产的所有权，还有土地使用权两个权。我国土地归国有，不可能有所有权，只有使用权。契税只在取得产权时缴一次。对于无偿赠与法定继承人不用缴，如老王把上海房产无偿赠予他的儿子小王，则小王不用缴税。因为这可以看成房屋产权还在王家，没有改变，其余情况正常缴税。对于以房投资，我们要看被投资方，如果说是入股本人独资的企业，则产权没有改变，不用征收契税，其余则要征收。其实归根到底还是看一个产权是否发生改变，谁拥有产权谁缴税。

考试套路三

考核契税减免税优惠

【例题1　单选·2016 年真题】下列关于契税减免税优惠的说法，正确的是（　　）。

A. 驻华使领馆外交人员承受土地、房屋权属免征契税

B. 金融租赁公司通过售后回租承受承租人房屋土地权属的，免征契税

C. 单位承受荒滩用于仓储设施开发的，免征契税

D. 军事单位承受土地、房屋对外经营的免征契税

【答案】A

【关键思路与解析】金融租赁公司开展售后回租业务，承受承租人房屋、土地权属的，照章征税；承受荒山、荒沟、荒丘、荒滩土地使用权，并用于农、林、牧、渔业生产的，免征契税；军事单位承受土地、房屋对外经营的照章征税。

【例题2　单选·2013年真题】依据契税的相关规定，下列各项应征收契税的是（　　）。

　　A. 以获奖方式取得房屋产权

　　B. 将自有房产作股投入本人经营企业

　　C. 房屋产权相互交换，交换价值相等

　　D. 承受荒山土地使用权用于林业生产

【答案】A

【关键思路与解析】以获奖方式取得房屋产权的应按规定缴纳契税。

-------------------------------------【 考试套路总结 】-------------------------------------

契税的税收优惠比较多比较杂，可以与房产税税收优惠结合记忆（公有、自用、非营利）。在记忆时注意规定中"免税"与"酌情减免"的差异。个人购买住房有不同的契税优惠政策，其优惠前提有"第一次""唯一"等字样，应注意辨析。

对于契税税收优惠的特殊规定中，注意企业破产中债权人承受破产企业抵偿债务的房屋免税和资产划转过程中全资子公司承受的母公司划转的房屋免税，这可以理解成产权没有发生变更。

考试套路四
考核契税的计税依据

【例题1　单选·2010年真题】根据契税相关规定，房屋赠与的契税的计税依据是（　　）。

　　A. 协议成交价格

　　B. 所在地省级人民政府公示的土地基准价格

　　C. 不同地段的土地使用权及房屋转让的成交价格

　　D. 征收机关参照当地土地使用权出售、房屋买卖的市场价格核定的价格

【答案】D

【关键思路与解析】房屋赠与，其计税依据由征收机关参照土地使用权出售、房屋买卖的市场价格核定，故选项 D 正确。

【例题2　单选·2016 年真题】下列关于契税计税依据的说法，正确的是（　　）。

　　A. 契税的计税依据不含增值税

　　B. 买卖装修的房屋，契税计税依据不包括装修费用

　　C. 承受国有土地使用权，契税计税依据可以扣减政府减免的土地出让金

　　D. 房屋交换价格差额明显不合理且无正当理由的，由税务机关参照成本价格核定

【答案】A

【关键思路与解析】房屋买卖的契税计税价格为房屋买卖合同的总价款，买卖装修的房屋，装修费用应包括在内；不得因减免土地出让金而减免契税；由征收机关参照市场价格核定，故选项 A 正确。

-------------------【考试套路总结】-------------------

　　该套路经常会涉及契税的计税依据，所以对一些特殊情形要清楚，如房屋赠与、房屋交换等。

　　营改增后，契税的计税依据应该是不含增值税的金额。以房抵债的视同房屋买卖，计税依据按照市场评估价格计征。不同的征税对象对应不同的计税依据，注意配套记忆。主要记住契税应纳税额的计算总结的表格。

考试套路五

考核契税应纳税额计算

【例题1　单选·2015 年真题】某公司于 2015 年 3 月 2 日以竞价方式承受土地使用权用于房地产开发。根据国有土地转让合同。需缴纳土地转让金 2000 万元，需上缴土地补偿费 200 万元，于 4 月 3 日办讫国有土地使用权证。当年因国家调整，重新修订土地使用权出让合同。补缴土地出让金 600 万元。另向规划局缴纳市政建设配套费 200 万元。土地所在地契税税率为 4%。该公司承受该土地应缴纳契税（　　）万元。

　　A. 55　　　　　　　B. 112　　　　　　　C. 120　　　　　　　D. 90

【答案】C

【关键思路与解析】应缴纳的契税 =（2000 + 200 + 600 + 200）×4% = 120（万元）

【套路 - 识坑避坑】以竞价方式出让的，其契税的计税价格，一般应确定为竞价的成交价格，土地出让金、市政建设配套费以及各种补偿费用应包括在内。

【例题 2　单选·2013 年真题】某企业 2012 年 3 月 1 日以协议方式取得一地块的土地使用权，支付土地出让金 3000 万元，拆迁补偿费 1000 万元，5 月 20 日缴纳市政配套费 500 万元。当地契税税率为 4%。该企业应缴纳契税（　　）万元。

A. 120　　　　　　B. 140　　　　　　C. 160　　　　　　D. 180

【答案】D

【关键思路与解析】应缴纳的契税 =（3000 + 1000 + 500）×4% = 180（万元）

【套路 - 识坑避坑】以协议方式出让的，契税计税价格为成交价格。成交价格包括土地出让金、土地补偿费、安置补助费、地上附着物和青苗补偿费、拆迁补偿费、市政建设配套设施费等承受者应支付的货币、实物、无形资产及其他经济利益。

-------------------------- 【考试套路总结】 --------------------------

契税的应纳税额的计算公式为：应纳税额 = 计税依据 × 税率，解这里套路的关键是确定计税依据，可以参考本考点套路四。

考试时有时会把各种情况混合来考核，下图是对各种情况的梳理：

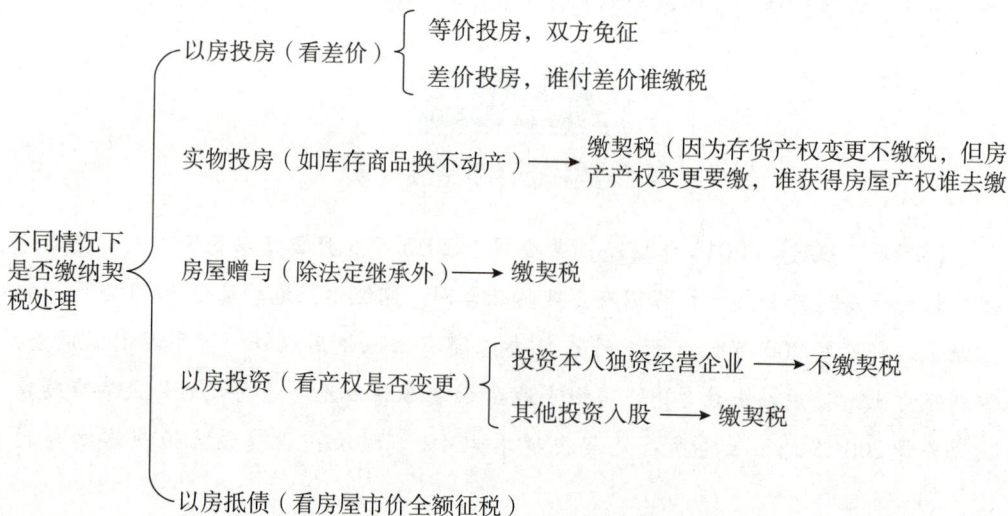

```
                    ┌ 以房投房（看差价）┬ 等价投房，双方免征
                    │                   └ 差价投房，谁付差价谁缴税
                    │
                    │ 实物投房（如库存商品换不动产）→ 缴契税（因为存货产权变更不缴税，但房产产权变更要缴，谁获得房屋产权谁去缴）
不同情况下          │
是否缴纳契         ┤ 房屋赠与（除法定继承外）→ 缴契税
税处理             │
                    │ 以房投资（看产权是否变更）┬ 投资本人独资经营企业 → 不缴契税
                    │                          └ 其他投资入股 → 缴契税
                    │
                    └ 以房抵债（看房屋市价全额征税）
```

图 5 - 1　不同情况下是否缴契税整理情况

【提示】以房抵债中，如果是债权人（含破产企业的职工）承受破产企业抵偿债务的土地、房屋权属，免征契税。

考试套路六

考核契税的征收管理相关规定

【例题　多选·2016 年真题】下列关于契税征收管理的说法，正确的有（　　）。

A. 纳税人应当自纳税义务发生之日起 10 日内，向征收机关办理申报

B. 纳税人不能取得销售不动产发票的，可持人民法院的裁定书原件及相关资料办理契税纳税申报

C. 纳税义务发生时间是纳税人签订土地、房屋权属转移合同的当天

D. 纳税人因房地产开发企业被税务机关列为非正常户，不能取得销售不动产发票的，无法办理契税纳税申报

E. 契税应向土地、房屋的承受人居住地或单位注册地所在地缴纳

【答案】ABC

【关键思路与解析】纳税人应当自纳税义务发生之日起 10 日内，向土地、房屋所在地的契税机关办理纳税申报，并在契税征收机关核定的期限内缴纳税款，选项 A 正确；纳税人因房地产开发企业被税务机关列为非正常户，不能取得销售不动产发票的，税务机关在核实有关情况后应予受理，选项 D 错误；契税在土地、房屋所在地的征收机关缴纳，选项 E 错误。

-------------------------------- 【考试套路总结】 --------------------------------

本套路考核契税的征收管理相关规定，特别要注意契税的纳税义务发生时间是纳税人签订合同的当天，不是产权转移登记的当天，主要原因是要凭契税的完税证明去办理产权转移登记的。

城镇土地使用税、耕地占用税

本专题共有**2**个核心考点，**5**个考试套路，赶紧将**套路GET**到！

一、概念

城镇土地使用税是以开征范围内的土地为征税对象，以实际占用的土地面积为计税依据，按规定税额对拥有土地使用权的单位和个人征收的一种税。

二、特点

1. 对占用土地的行为征税；

2. 征税对象是土地；

3. 征税范围有所限定；

4. 实行差别幅度税额。

三、征税范围

征税范围：城市、县城、建制镇和工矿区，<u>不包括农村</u>。

1. 城市的征收范围为<u>市区和郊区</u>；县城的征收范围为县<u>人民政府所在的城镇</u>；建制镇的征收范围为镇人民政府所在地。

2. 以上具体征税范围由各省、自治区、直辖市人民政府划定。

四、纳税人

凡在城市、县城、建制镇、工矿区范围内使用土地的单位和个人，为城镇土地使用税的纳税义务人。

1. 拥有土地使用权的单位和个人。

2. 土地使用权未确定或权属纠纷未解决的，其实际使用人为纳税人。

3. 土地使用权共有的，由共有各方分别纳税。（按实际使用的土地面积计税）

五、适用税率

城镇土地使用税实行分级幅度税额（定额税率），按每平方米土地的年税额计征。

1. 土地使用税税额定为幅度税额，而且每个幅度税额的差距规定为20倍。

2. 各省、自治区、直辖市人民政府应当在法定税额幅度内，确定所辖地区的适用税额幅度。

3. 经省级政府批准，经济落后地区适用税额标准可以适当降低，但降低额不得超过规定最低税额的30%。

4. 经济发达地区土地使用税的适用税额标准可以适当提高，但须报经财政部批准。

六、减免税优惠

（一）减免税优惠的基本规定

免税项目：

1. 国家机关、人民团体、军队自用的土地。（本身的办公用地和公务用地）

2. 由国家财政部门拨付事业经费的单位自用土地。（本身的业务用地）

（1）不包括实行自收自支、自负盈亏的事业单位。

（2）企业办的学校、医院、托儿所、幼儿园，其自用的土地免征城镇土地使用税。

3. 宗教寺庙、公园、名胜古迹自用的土地。

以上单位的生产、经营用地和其他用地不属于免税范围，应纳税，如公园、名胜古迹中附设的营业单位（影剧院、饮食部、茶社、照相馆）用地。

【注意】公园、名胜古迹内的索道公司经营用地应纳税。

4. 市政街道、广场、绿化地带等公共用地。（强调社会性的公共用地）

5. 直接用于农、林、牧、渔业的生产用地。

6. 开山填海整治的土地。

经批准自行开山填海整治的土地和改造的废弃土地，从使用的月份起免缴土地使用税5~10年。不包括纳税人通过出让、转让、划拨等方式取得的已填海整治的土地。

7. 由财政部另行规定免税的能源、交通、水利用地和其他用地。

下列用地由各省、自治区、直辖市税务局确定减免城镇土地使用税：

（1）个人所有的居住房屋及院落用地；

（2）房产管理部门在房租调整改革前经租的居民住房用地；

（3）免税单位<u>职工家属</u>的宿舍用地；

（4）<u>集体和个人办</u>的各类学校、医院、托儿所、幼儿园用地。

（二）减免税优惠的特殊规定

1. 城镇土地使用税与耕地占用税的征税范围衔接

凡是<u>缴纳了耕地占用税</u>的，从批准征用之日起<u>满 1 年</u>后征收城镇土地使用税；征用非耕地因不需要缴纳耕地占用税，应从批准征用之<u>次月</u>起征收城镇土地使用税。

2. 免税单位与纳税单位之间无偿使用的土地

对<u>免税单位</u>无偿使用纳税单位的土地，免征土地使用税；对<u>纳税单位</u>无偿使用免税单位的土地，纳税单位<u>应照章缴纳</u>土地使用税。

3. 房地产开发公司建造商品房的用地

房地产开发公司建造商品房的用地，除经批准开发建设<u>经济适用房</u>的用地外，对各类房地产开发用地<u>一律不得减免</u>城镇土地使用税。

4. 防火、防爆、防毒等安全防范用地

对于各类危险品仓库、厂房所需的防火、防爆、防毒等安全防范用地，可由各省、自治区、直辖市税务局确定，暂免征收城镇土地使用税；对仓库库区、厂房本身用地，应依法征收城镇土地使用税。

5. 搬迁企业的用地

自 2004 年 7 月 1 日起，企业搬迁后原场地不使用的，免征城镇土地使用税。

【提示】上述土地又开始使用时，应从使用的次月起自行计算和申报缴纳城镇土地使用税。

6. 企业的铁路专用线、公路等用地

对企业的铁路专用线、公路等用地，除另有规定者外，在企业厂区（包括生产、办公及生活区）以内的，应照章征收城镇土地使用税；在厂区以外、与社会公用地段<u>未加隔离</u>的，暂免征收城镇土地使用税。

7. 企业的绿化用地

对企业厂区（包括生产、办公及生活区）以内的绿化用地征税；厂区以外的公共绿化用地和向社会开放的公园用地<u>暂免征收</u>。

8. 盐场、盐矿用地

（1）盐场、盐矿的生产厂房、办公、生活区用地征收城镇土地使用税。

（2）盐场的<u>盐滩、盐矿的矿井用地</u>暂免土地使用税。

（3）其他用地，由省、自治区、直辖市税务机关根据实际情况确定征收或给予

定期减免。

9. 矿山企业用地

矿山的采矿场、排土场、尾矿库、炸药库的安全区，以及运矿运岩公路、尾矿输送管道及回水系统用地，<u>免征</u>城镇土地使用税。

10. 电力行业用地

（1）火电厂厂区围墙内的用地，均应征收城镇土地使用税。对厂区围墙外的灰场、输灰管、输油（气）管道、铁路专用线用地，免征城镇土地使用税；厂区围墙外的其他用地，应照章征税。

（2）水电站的发电厂房用地（包括坝内、坝外式厂房），生产、办公、生活用地，应征收城镇土地使用税；对其他用地给予免税照顾。

（3）对供电部门的输电线路用地、变电站用地，免征城镇土地使用税。

11. 水利设施用地

水利设施及其管扩用地（如水库库区等），免征城镇土地使用税；其他用地，如生产、办公、生活用地，应照章征税。

12. 核工业总公司所属企业用地

对生产核系列产品的厂矿，除生活区、办公区用地应依照规定征收城镇土地使用税外，其他用地暂免征收城镇土地使用税。

13. 中国海洋石油总公司及其所属公司用地

下列用地暂免征收：

（1）导管架、平台组块等海上结构物建造用地；

（2）码头用地；

（3）输油（气）管线用地；

（4）通信天线用地；

（5）办公区以外的公路、铁路专用线、机场用地。

除以上列举的土地免税外，其他在开征范围内的油气生产及办公、生活区用地，均应征收城镇土地使用税。

14. 交通部门港口用地

对港口的码头用地免征城镇土地使用税

15. 民航机场用地

（1）机场飞行区用地、场内外通信导航设施用地和飞行区四周排水防洪设施用地，<u>免征</u>城镇土地使用税。

（2）在机场道路中，场外道路用地免征城镇土地使用税；场内道路用地依照规定征收城镇土地使用税。

（3）机场工作区（包括办公、生产和维修用地及候机楼、停车场）用地、生活区用地、绿化用地，依照规定征收城镇土地使用税。

16. 司法部所属劳改劳教单位用地

劳改劳教单位警戒围墙外的其他生产经营用地，应照章征收城镇土地使用税。

17. 老年服务机构自用的土地

对政府部门和企事业单位、社会团体以及个人等社会力量投资兴办的福利性、非营利性的老年服务机构自用土地免税。

18. 邮政部门的土地

对邮政部门坐落的城市、县城、建制镇、工矿区范围内的土地，应当征收承受土地使用税；在以上范围之外的，不再征税。

19. 国家天然林保护工程自用的土地

（1）对用于天然林保护工程的土地免征城镇土地使用税；用于其他用途的征税。

（2）因实行天然林资源保护工程造成森工企业的土地闲置1年以上不用的，暂免征收城镇土地使用税。

（3）免税土地应单独划分，与其他免税土地划分不清的，应征税。

20. 人民银行自用的土地

对行使国家行政管理之职能的中国人民银行总行及其所属分支机构自用的土地，免征城镇土地使用税。

21. 铁路行业自用的土地

铁道部所属铁路运输企业免征城镇土地使用税；

地方铁路运输企业自用的房产、土地应缴纳城镇土地使用税，比照铁道部（现为中国铁路总公司）所属铁路运输企业的政策执行。

22. 国家直属储备粮、棉、糖、肉、盐库自用的土地

（1）对于经营中央储备粮油业务、棉业务、糖、肉业务自用的房产土地免征城镇土地使用税。

（2）对商品储备管理公司及其直属库承担商品储备业务自用的土地，免征城镇土地使用税。

23. 核电站和公共租赁住房用地

（1）对核电站的核岛、常规岛、辅助厂房和通信设施用地（不包括地下线路用地），生活、办公用地按规定征收城镇土地使用税，其他用地免征城镇土地使用税。

（2）对核电站应税土地在<u>基建期内</u>减半征收土地使用税。

（3）对<u>公共租赁住房</u>建设期间用地及公共租赁住房建成后占地免征城镇土地使用税。

（4）在其他住房项目中<u>配套建设</u>公共租赁住房，按<u>比例</u>免征。

24. 棚户区改造相关税收政策

（1）棚户区改造中，对改造安置住房建设用地<u>免征</u>城镇土地使用税。

（2）在商品房等开发项目中配套建造安置住房的，按比例免征。

25. 对饮水工程运营管理单位自用的生产、办公用地，<u>免征城镇土地使用税</u>

26. 自2016年1月1日至2018年12月31日，对<u>专门经营农产品</u>的农产品批发市场、农贸市场使用（包括自有和承租）的房产、土地，<u>暂免征收</u>城镇土地使用税。对<u>同时经营其他</u>产品的农产品批发市场和农贸市场使用的房产、土地，按其他产品与农产品交易场地面积的<u>比例</u>确定征免城镇土地使用税

七、计税依据

1. 计税依据：<u>实际占用</u>的土地面积（平方米）。

2. 实际占用的土地面积的确定：

（1）纳税人实际占用的土地面积，以房地产管理部门核发的<u>土地使用证书</u>与确认的土地面积为准。

（2）尚未核发土地使用证书的，纳税人<u>先按申报土地面积</u>纳税，待核发土地使用证以后再作调整。

八、应纳税额的计算

$$年应纳税额 = 实际占用应税土地面积（平方米） \times 税额$$

土地使用权由几方共有的，由<u>共有各方</u>按照各自实际使用的土地面积占总面积的<u>比例</u>，分别计算缴纳土地使用税。

九、征收管理

（一）纳税义务发生时间

1. 购置新建商品房，自房屋交付使用之<u>次月</u>起纳税。

2. 购置存量房，自办理房屋权属转移、变更登记手续，房地产权属登记机关签发房屋权属证书之次月起纳税。

3. 纳税人出租、出借房产，自交付出租、出借房产之次月起纳税。

4. 以出让或转让方式有偿取得土地使用权的，应由受让方从合同约定交付土地时间的次月起纳税；合同未约定交付土地时间的，由受让方从合同签订的次月起纳税。

5. 纳税人新征用的耕地，自批准征用之日起满1年时开始纳税。

6. 纳税人新征用的非耕地，自批准征用次月起纳税。

（二）纳税期限

城镇土地使用税实行按年计算、分期缴纳的征收方法，具体纳税期限由省、自治区、直辖市人民政府确定。各地按当地实际情况，一般分别确定按月、季、半年或一年等不同的期限缴纳。

（三）纳税申报

纳税人新征用的土地，必须于批准新征用之日起30日内申报登记。

纳税人如有住址变更、土地使用权属转换等情况，从转移之日起，按规定期限办理申报变更登记。

（四）纳税地点

城镇土地使用税的纳税地点为土地所在地，由土地所在地的税务机关负责征收。

1. 纳税人使用的土地不属于同一省、自治区、直辖市管辖的，由纳税人分别向土地所在地的税务机关缴纳土地使用税；

2. 在同一省、自治区、直辖市管辖范围内，纳税人跨地区使用的土地，其纳税地点由各省、自治区、直辖市地方税务局确定。

考试套路一

考核城镇土地使用税的税收政策

【例题 1　多选·2010 年真题】关于城镇土地使用税的说法，正确的有（　　）。

A. 由《城镇土地使用税暂行条例》统一规定分级幅度税额

B. 经济发达地区城镇土地使用税适用税额标准可适当提高，但须报经国家税务总局批准

C. 经省、自治区、直辖市人民政府批准，经济落后地区的城镇土地使用税适用税额标准可以适当降低，但降低额不得超过规定的最低税额的30%

D. 省、自治区、直辖市人民政府应当在法定税额幅度内，根据市政建设状况、经济繁荣程度等条件，确定所辖地区的适用税额幅度

E. 市、县人民政府应当根据实际情况，将本地区土地划分为若干等级，在《城镇土地使用税暂行条例》统一规定的税额幅度内，自行制定适用税额标准

【答案】ACD

【关键思路与解析】选项B：经济发达地区城镇土地使用税适用税额标准可适当提高，但须报经财政部批准；选项E：市、县人民政府应当根据实际情况，将本地区土地划分为若干等级，在省、自治区、直辖市人民政府确定的税额幅度内，制定适用税额标准，报省、自治区、直辖市人民政府批准执行。

【例题2 多选·2010年真题】下列关于城镇土地使用税的说法，正确的有（ ）。

A. 城镇土地使用税调节的是土地的级差收入

B. 城镇土地使用税只在城市、县城、建制镇、工矿区范围内征收

C. 城镇土地使用权权属纠纷未解决的，由实际使用人纳税

D. 纳税单位无偿使用免税单位的土地，免税单位应照章缴纳城镇土地使用税

E. 在同一省管辖范围内，纳税人跨地区使用的土地，由纳税人选择向其中一地的税务机关申报纳税

【答案】ABC

【关键思路与解析】选项D：纳税单位无偿使用免税单位的土地，由纳税单位照章缴纳城镇土地使用税；选项E：在同一省（自治区、直辖市）管辖范围内，纳税人跨地区使用土地的，由各省、自治区、直辖市税务局确定纳税地点。

------------------------------【考试套路总结】------------------------------

该套路主要考核城镇土地使用税的概念、特点、征税范围、城镇土地使用税幅度税额的范围、减免税优惠、征收管理等方面的综合考察，注意其中的3个数字"20倍""30%"和"50%"，具体见表6-1。

表 6 - 1	考核项目内容
项　目	内　容
幅度税额的差距：20 倍	因土地所处地理位置等原因的不同，导致价格差异较大，为平衡税负，规定了幅度税额差距为 20 倍
税额降低标准：30%	降低幅度以 30% 为限。而提高要经财政部批准
地下建筑物减征：50%	独立地下建筑的应征税额只有地上建筑的一半

【注明】独立地下建筑物不包括地上与地下一体的建筑物。

考试套路二

考核城镇土地使用税减免税优惠

【例题　多选·2013 年真题】下列说法，符合城镇土地使用税税收政策的有（　　）。

A. 农副产品加工厂用地应征收城镇土地使用税

B. 公园里开办的照相馆用地应征收城镇土地使用税

C. 企业厂区以外的公共绿化用地应征收城镇土地使用税

D. 自收自支、自负盈亏的事业单位用地应征收城镇土地使用税

E. 直接从事饲养的专业用地免予征收城镇土地使用税

【答案】ABDE

【关键思路与解析】企业厂区以外的公共绿化用地免征收城镇土地使用税。

-------------------- 【考试套路总结】 --------------------

　　免税单位除自身免缴外，其使用的办公用地也免征，但不包括农业生产的副产品加工地和生活办公用地。农业生产的副产品加工地一般指对农产品进行初级加工的场地，如生猪养殖场免缴城镇土地使用税，而屠宰场则不免缴。减税、免税与否，要看单位性质（如营利组织或非营利组织）、土地用途（如自用或出租）、受益方（如无偿使用人是纳税单位还是免税单位）是谁。

考试套路三

考核城镇土地使用税的计算

【例题　单选·2012 年真题】2011 年，某民用机场占地 100 万平方米，其中飞

行区用地 90 万平方米，场外道路用地 7 万平方米，场内道路用地 0.5 万平方米，工作区用地 2.5 万平方米，城镇土地使用税年税额为 5 元/平方米。2011 年该机场应缴纳城镇土地使用税（　　）元。

　　A. 125000　　　　　B. 150000　　　　　C. 475000　　　　　D. 500000

【答案】B

【关键思路与解析】机场飞行区用地、场外道路用地，免征城镇土地使用税；在机场道路中，场内道路用地依照规定征收城镇土地使用税；机场工作区用地、生活区用地、绿化用地，均须依照规定征收城镇土地使用税。2011 年，该机场应缴纳城镇土地使用税 =（0.5 + 2.5）× 5 × 10000 = 150000（元）。

---------【考试套路总结】---------

　　城镇土地使用税的计算较为简单，考生需正确判断出征税范围。纳税人实际占用土地面积的确认顺序应关注关键点：先测定，再证书，最后按申报。其中比较容易和税收优惠进行结合。

考点二
耕地占用税
（重要性：★★）

一、概念

　　耕地占用税是对占用耕地建房或从事其他<u>非农业建设</u>的单位和个人，就其实际占用的耕地面积征收的一种税，是对特定土地资源占用课税。

二、特点

1. <u>兼具资源税与特定行为税</u>的性质；

2. 采用<u>地区差别税率</u>；

3. 在占用耕地环节<u>一次性课征</u>——在获准占用耕地的环节征收。

三、纳税义务人

<u>占用耕地建房</u>或从事<u>非农业建设</u>的单位和个人。

四、征税范围

耕地占用税的范围为国家所有和集体所有的<u>耕地</u>。

我们常说的耕地一般指狭义的耕地，即用于种植农作物的土地，如种植粮食作物、经济作物的农田，还包括：种植蔬菜和果树的<u>菜地、园地</u>及其附属的土地，如田间道路等。

耕地占用税的征税范围还包括如下两种情况：

1. 占用<u>园地</u>建房或者从事非农业建设的，视同占用耕地征收耕地占用税。

2. 占用<u>林地、牧草地、农田水利地、养殖水面以及渔业水域滩涂</u>等其他农用地建房或从事非农业建设，比照占用耕地征收耕地占用税。

表 6 - 2　　　　　　　　　　　　耕地占用税的范围分类情况

土地类型	内容规定
林地	有林地、灌木林地、疏林地、未成林地、迹地、苗圃等 <u>不包括</u>：<u>居民点内部</u>的绿化林木用地，铁路、公路征地范围内的林木用地，以及河流、沟渠的护堤林用地
牧草地	天然牧草地、人工牧草地
农田水利用地	农田排灌沟渠及相应附属设施用地
养殖水面	人工开挖或者天然形成的用于水产养殖的各种水面及<u>相应附属设施用地</u>
渔业水域滩涂	专门用于种植或者养殖水生动植物的海水潮浸地带和滩地
<u>直接为农业生产</u>服务的生产设施	是指直接为农业生产服务而建设的建筑物和构筑物 <u>包括</u>：农业生产者从事农业生产必需的食宿和管理设施；其他直接为农业生产服务的生产设施

【注意】

<u>农田水利</u>不论是否包含建筑物、构筑物占用耕地，<u>均不属于</u>耕地占用税征税范围，不征收耕地占用税。

占用林地、牧草地、农田水利用地、养殖水面以及渔业水域滩涂等其他农用地建房或者从事非农业建设的，适用税额可以<u>适当低于</u>当地占用耕地的适用税额，具

体适用税额按照各省、自治区、直辖市人民政府的规定执行。

五、税收优惠

（一）免征耕地占用税

1. 军事设施占用耕地。

2. 学校、幼儿园、养老院、医院占用耕地。

3. 以下占用土地的行为不征收耕地占用税。

（1）农田水利占用耕地的不征耕地占用税；

（2）建设直接为农业生产服务的生产设施占用林地、牧草地、农田水利用地、养殖水面以及渔业水域滩涂等其他农用地的；

（3）农村居民经批准搬迁，原宅基地恢复耕种，凡新建住宅占用耕地不超过原宅基地面积的。

（二）减征耕地占用税

1. 铁路线路、公路线路、飞机场跑道、停机坪、港口、航道占用耕地，减按每平方米2元的税额征收耕地占用税；根据实际需要，经国务院批准后，给予免征或者减征优惠。

【注意】专用铁路、铁路专用线、专用公路和城区内机动车道占用耕地的，按适用税率征税。

2. 农村居民占用耕地新建住宅，按照当地适用税额减半征收耕地占用税。

（1）农村居民占用耕地新建住宅，是指农村居民经批准在户口所在地按照规定标准占用耕地建设自用住宅。

（2）农村居民经批准搬迁，原宅基地恢复耕种，凡新建住宅占用耕地不超过原宅基地面积的，不征收耕地占用税；超过原宅基地面积的，对超过部分按照当地适用税额减半征收耕地占用税。

（3）农村烈士家属、残疾军人、鳏寡孤独以及革命老根据地、少数民族聚居区和边远贫困山区生活困难的农村居民，在规定用地标准以内新建住宅缴纳耕地占用税确有困难的，经所在地乡（镇）人民政府审核，报经县级人民政府批准后，可以免征或者减征耕地占用税。

（4）免征或者减征耕地占用税后，纳税人改变原占地用途，不再属于免征或者减征耕地占用税情形的，应当按照当地适用税额补缴耕地占用税。

六、应纳税额的计算

表 6 – 3　　　　　　　　应纳税额相关知识点及具体内容

知识点	具体内容
计税依据	耕地占用税以纳税人占用耕地的面积为计税依据，以每平方米为计量单位
税率	采用地区差别定额税率 经济特区、经济技术开发区和经济发达且人均耕地特别少的地区，适用税额可以适当提高，但最高不得超过规定的当地适用税额的50%
税额计算	应纳税额＝实际占用耕地面积（平方米）×适用定额税率

七、征收管理

表 6 – 4　　　　　　　　征收管理相关知识点及具体内容

知识点	具体内容
征收机关	耕地占用税由地方税务机关负责征收
纳税义务时间	1. 经批准占用耕地的，耕地占用税纳税义务发生时间为纳税人收到土地管理部门办理占用农用地手续通知的当天； 2. 未经批准占用耕地的，耕地占用税纳税义务发生时间为纳税人实际占用耕地的当天
纳税地点	在耕地或其他农用地所在地申报纳税
其他规定	1. 临时占用耕地，应当依规定缴纳耕地占用税； 2. 纳税人在批准临时占用耕地的期限内恢复所占用耕地原状的，全额退还已经缴纳耕地占用税； 3. 占用林地、牧草地、农田水利用地、养殖水面以及渔业水域滩涂等其他农用地建房或者从事非农业建设的，比照条例的规定征收耕地占用税； 4. 建设直接为农业生产服务的生产设施占用前款规定的农用地的，不征收耕地占用税

考试套路一

考核耕地占用税减免税优惠

【例题　多选·2013 年真题】下列说法，符合耕地占用税税收优惠政策的有（　　）。

A. 军事设施占用耕地免征耕地占用税

B. 宗教寺庙占用耕地免征耕地占用税

C. 市政街道占用耕地免征耕地占用税

D. 学校、幼儿园占用耕地免征耕地占用税

E. 养老院、医院占用耕地免征耕地占用税

【答案】ADE

【关键思路与解析】选项 B 和选项 C 不免耕地占用税。

------------------------　【考试套路总结】　------------------------

国家对于耕地进行保护，所以耕地占用税的减免税优惠范围更小，要与城镇土地使用税的减免税优惠相区分，同时要分清不征范围和减免税范围、免征范围和减征范围。

重点关注耕地占用税的税收优惠的规定以及如下几点：

1. 针对各种交通设施减按每平方米 2 元。

2. 改变原占地用途，如农村居民以新建住宅为由占用了耕地，享受了减税政策优惠，但却开了超市，就应当补缴减免的税款。

3. 临时占用耕地采取先征后返政策。

考试套路二

考核耕地占用税应纳税额的计算

【例题1　单选·2013 年真题】2012 年 3 月，某公司在郊区新设立一家分公司，共计占用耕地 15000 平方米，其中 800 平方米修建幼儿园、2000 平方米修建学校，当地耕地占用税税额为 20 元/平方米。该公司应缴纳耕地占用税（　　）元。

　　A. 244000　　　　　B. 260000　　　　　C. 284000　　　　　D. 300000

【答案】A

【关键思路与解析】学校、幼儿园占用的耕地免征耕地占用税。应缴纳耕地占用税 =（15000 - 2000 - 800）×20 = 244000（元）。

【例题2　单选·2013 年真题】2012 年 6 月，农村居民陈某因受灾住宅倒塌，经批准占用 150 平方米耕地新建住宅，当地耕地占用税税率为 20 元/平方米。陈某应缴纳耕地占用税（　　）元。

A. 0　　　　　　　B. 1500　　　　　　C. 3000　　　　　　D. 4000

【答案】B

【关键思路与解析】农村居民占用耕地新建住宅，按照当地适用税额减半征收耕地占用税。

应缴纳耕地占用税 = 150 × 20 × 50% = 1500（元）

-------------------------------------- 【考试套路总结】 --------------------------------------

掌握本套路要分清征税与不征、免征、减征范围，并会计算，计算时注意区分耕地占用税的计算与耕地占用税的税收优惠。